JN335899

子どもに「ホームレス」をどう伝えるか

め・襲撃をなくすために

はじめに

「どうしてあんなところに人が寝ているの？」

駅や地下の通路、公園や河原で、ホームレス状態の人の姿を見た子どもが、聞いてきたら、なんと答えますか？

多くの子どもたちが、身近な大人からこんなふうに教えられています。

「がんばるのがイヤな、なまけ者なんだよ」「こわい人。あぶないから近よっちゃだめよ」「働きたくなくて、好きであんな暮らしをしているのさ」

そして、毎日のように子どもたちが、ホームレス状態の人に石を投げ、花火を打ちこみ、暴行する事件が、日本中のいたるところで起こりつづけています。

巻末の「野宿者襲撃事件・略年表」を見ていただければ、一目瞭然です。これは、じっさいに起こっている事件の、ほんの一部です。１９８３年、10代少年たちによる「横浜浮浪者殺傷事件」から30年、野宿の人びとは、ただ「ホームレス」だという理由だけで、子どもたちに襲われ、殺されつづけているのです。「ホームレスは社会のクズ、役立たず」「きたない、ゴミをそうじしただけ」「大人はしからないと思った」と、子どもたちは語っています。それは、わたしたち大人・社会、とりわけ教育の責任ではないでしょうか。

「人権」問題は数あれど、教育現場でここまで放置され、無視されつづけてきた被差別の問題は、ほかにありません。たとえば「障がい者」とは目をあわせるな、近づくな、と教えたらどうなるでしょう。「外国人」だからといって、いきなりエアガンで打ち、火を放つ事件が起こりつづけたら、大問題でしょう。野宿者の小屋や段ボールハウスは、しょっちゅう、子どもたちに放火されています。殺人未遂となる大事件でも、警察も、学校も、家庭も、地域も、政治も、マスコミも、本気で向きあい解決しようとはしてきませんでした。

だれが「ホームレス」を排除し、差別しているのでしょうか。いまなお、くりかえされる暴行を止めようとせず、無視し、スルーしているのは、だれでしょう。無関心こそ暴力です。

「ホームレス襲撃」は、子どもたちによる路上の「いじめ」です。それを見て見ぬふりしている大人たちは、「いじめの傍観者」と同じです。

この本は、「ホームレス」について、正しく理解し、子どもたちに伝えようとする人、教師、親・保護者、子どもに関わるすべての大人たちのために、つくりました。そして、中高生世代の子どもたち、若い人たちにも、ぜひ読んでもらえるよう、ふりがなもつけました。

まず、大人にも子どもにも、知っておいてほしいこと。

「ホームレス」とは「人」を表わす言葉ではありません。

生まれつき「ホームレス」という人種や人格があるわけでもありません。もともとの英

語の「homeless」は、「状態」を表わす言葉であり、「安全に住めるところがない状態」のことをいいます。ですから、ネットカフェなどで寝泊りしている状態も、震災や原発事故で避難生活を強いられている状態も、住みこみ労働や会社の寮で暮らしている状態も「安心できる住環境にない状態」として、「homeless」と呼ばれます。

つまり、あなたにも、わたしにも、家族にも、友人にも、だれにでも、いつ起こるかもしれない問題であり、けっして他人事ではないテーマなのです。

子どもたちの野宿者襲撃をなくすために、という目的はもちろん、「ホームレス問題の授業」に取りくむ意義は、たくさんあります。

①「ホームレス」についての無知と偏見を解消することで、ホームレス状態にある人びとへの差別・攻撃・排除を、理解・支援・共生の意識へと転換していく。

②「路上のいじめ」とともに「教室のいじめ」の解消をめざし、あらゆる暴力を防止する。

③子どもたちが、暴力の加害者にも被害者にも傍観者にもならない、安全で安心な教室（ホーム・ルーム）づくりをめざす。

④学校、家庭、地域のなかで、居場所のない「ホーム」レス状態にある子どもに、関心をむけ、孤立させず、見て見ぬふりしないで、それぞれに何ができるか考えあう。

⑤特定の子どもを「困った子」としてみなし、排除するのではなく、助けが必要な「困っている子」としてとらえ、「困っている状態」を改善・解決する道をいっしょに模索する。

⑥「ホームレス」の人びとと子どもたちが、人と人として出会い、肯定的な交流を体験することで、おたがいの存在を認めあい、エンパワーされ、共感性と自尊感情を高めあう。

⑦教師・大人も、自分の「困っている状態」を「自己責任」として抱えこまず、「助けて」がいいあえる人間関係の構築をめざし、「関係の貧困」から脱却する。

⑧不況、天災、人災、さまざまな社会の変動、予期せぬ人生の不運のなかで、将来もし自分がホームレス状態になったとしても、生きぬくための知恵や知識、私的・公的セーフティネットについてなど、人生に役立つ情報を学ぶ絶好の機会とする。

⑨教師・大人自身が、ホームレス問題の授業を実践する過程で、学校・社会にまだまだ根強い「努力主義」「自己責任論」の壁に気づき、内なる固定観念を問いなおされ、成長し、人間の幅が広がり、（たぶん）人生がいろいろおもしろくなっていく。

などなど。そんなおもしろさに、ハマってしまった、全国各地の教師、支援者、仲間たちがつながりあって、生まれたのが「ホームレス問題の授業づくり全国ネット」です。

この本を手にしてくださったあなたも、ぜひ、仲間になっていただけたらうれしいです。

ようこそ、「ホームレス問題の授業づくり」へ。

さあ、最初の一歩を踏みだし、ここからいっしょに、階段をのぼっていきましょう。

ホームレス問題の授業づくり全国ネット代表理事　北村年子

もくじ

高校生へ

「貧困」と「野宿」の社会的背景

生田　武志　いくた　たけし
ホームレス問題の授業づくり全国ネット（HCネット）代表理事
野宿者ネットワーク代表

写真／森田剛史

野宿の問題に出会う

これから野宿の問題についてお話しする生田といいます。

いま、ぼくはおもに野宿者ネットワークという団体で、大阪を中心に野宿をしている人、あるいはお金がなくなって今日から住むところがないという人などの相談を受けています。そして、いっしょに役所に行ったり病院に行ったり、行政と交渉をしたりといった活動をしています。なお、これはぜんぶボランティアで、活動してもお金はまったく入りません。ぼくもそうですが、ほかのメンバーも、仕事をしながらあいた時間にこういった活動をしています。

ぼくがこういう活動をはじめたのは、1986年でした。そのとき、ぼくは京都の大学の2年生だったんですが、テレビを見ていたら、たまたま**釜ヶ崎**の冬の夜まわりのようすを映していたんです。釜ヶ崎――「**あいりん地区**」といわれることもあります――は、大阪市西成区にある、一周しても30分くらいの街です。そこに、当時約2万人の日雇い労働者が生活して、400~500人が毎晩、野宿していました。

夜まわりでは、野宿をしている人をひとりひとり訪ねていきますが、なかには70歳をこえた人とか、障がいのある人が、真冬でも毛布1枚とか毛布も何もなしで寝ていることがあります。そういう人は放っておけないので、施設に来て泊まってもらっていました。そ

釜ヶ崎
大阪市西成区萩之茶屋にあたり、広さは0・62平方キロ。日雇い労働者が仕事を求めて集まる「寄せ場」で、労働者が生活する簡易宿泊所が約200件密集する「ドヤ街」（「やど」の逆読み）でもある。「釜ヶ崎」はかつて西成郡今宮村の一地名だったが、1922年の地名解消によって消滅。以降は通称として使われている。

あいりん地区
釜ヶ崎のイメージ回復のために行政が1960年代に考案した名称で、釜ヶ崎より広い範囲をさす。しかし、地元の人で「あいりん地区」という人はほとんどいない。

して次の日に相談をして、いっしょに病院に行って入院してもらったり、いっしょに役所に行ったりしていました。

ぼくはそれを見て、「日本にもこんなところがあるんだ」とびっくり仰天しました。ぼくは千葉県で生まれて岡山県で小中高校に行ってたんですが、自分のまわりで野宿をしている人なんて見たことがなかったんです。京都から釜ヶ崎までは電車で1時間くらいで行けます。そんな距離だったら行ってみて、夜まわりなどの活動をやってみようと思ったのが最初です。

日雇い労働とは何か

日雇い労働とは何でしょうか。いまは「**日雇い派遣**」が広まったので、若い人のほうがイメージがわくかもしれません。

釜ヶ崎や東京の**山谷**の日雇い労働は、おもに建築土木の仕事です。日雇い労働者は朝4時くらいに起きて、釜ヶ崎だったら「**あいりん総合センター**」に仕事をさがしに行きます。仕事が多いときには100台くらい**人材派遣業者**の車が止まっています。車にはプラカードがあって、そこに労働条件が、たとえば「1日で9000円」「神戸市内」「**舗装手元**」などと書いてあります。

自分が行きたい仕事を見つけると、労働者は手配師に「わし、この仕事に行きたいんやけ

日雇い労働
毎朝「寄せ場」に行き、人材派遣業者（手配師）と契約し、1日働いたらその日の賃金を受け取って契約終了、という形の労働。週、月単位で「飯場」に入る場合もある。

日雇い派遣
日雇い労働でかつ派遣労働ということ。派遣労働とは、派遣会社「派遣元」と雇用関係にある労働者「派遣社員」が、受けいれ会社「派遣先」の指揮命令の下で働くこと。じっさいには、釜ヶ崎や山谷の日雇い労働者はすべて「手配師」によって建設現場に派遣される「日雇い派遣」である。

山谷
東京都台東区・荒川区にある日本で2番目の規模の寄せ場。3番目は神奈川県横浜市中区の寿町。

ど」とかいいます。すると、手配師はその労働者をじっと見て「あんたはだめ」とか「あんたは車に乗って」とかいいます。労働者を選別するわけです。どういう人が仕事につけるかというと、当然、若くて健康な人が優先です。ぎゃくに、年をとっている人、体が弱そうな人などは、はねられます。運よく仕事につけた人は手配師の車に乗って、たとえば京都とか神戸につれていかれて、そこで8時から5時まで建築土木の仕事をして、夕方に8000円とか9000円とかお金をもらっておわり、というものです。

なぜこんな仕事の形があるのでしょうか？　建築土木の現場って、その日その日で必要な労働者の数がちがいますよね。たとえば、雨が降っていると外の現場の多くは休みになってしまいます。また、空港などの大きなプロジェクトがはじまると、仕事が増えるんですが、それがおわったら、また仕事が少なくなってしまいます。景気がいいときは仕事が多いですが、景気が悪くなるとたちまち仕事がなくなってしまう。こういった波に対応するために、建築土木の会社は正社員だけでは無理だと考えて、日雇いを使うようになりました。

つまり、仕事が多いときには釜ヶ崎にたくさん車をつけて、労働者を何百人も何千人もつれていくんです。そして、仕事がないときには、車をつけるのをやめます。「今日は仕事がありません、好きにしなさい」というわけです。つまり、日雇い労働者は、仕事の多かったり少なかったりの「調整弁」として使われていました。

あいりん総合センター
１９７０年10月開設。早朝、1階で日雇い労働者の求人が行なわれる。建物内には西成労働福祉センター、あいりん労働公共職業安定所、大阪社会医療センターも入っている。

人材派遣業者
「手配師」ともいう。労働者を雇って、ほかの会社が作業する現場に「派遣」することで利益をえる業者。

舗装手元
道路舗装の専門業者の助手の仕事。手元＝手伝い・助手。

当然、仕事がないと収入がなくなりますよね。収入がなくなると、貯金がなくなってきて、家賃が払えなくなって、最後は野宿になってしまいます。日雇い労働というのは「今日、仕事があるかどうかわからない」という、世の中でいちばん不安定な仕事です。仕事が不安定な人が失業しやすくて、失業した人が貧困になって、貧困になった人が野宿になる、つまり**「不安定雇用↓失業↓貧困↓野宿」**というパターンが釜ヶ崎では成立していました。こうして、日本でいちばん日雇い労働者が多い釜ヶ崎は、日本でいちばん野宿者が多い場所になりました。

不安定雇用↓失業↓貧困↓野宿
↓18ページ参照

野宿者の生活

では、夜まわりに行くとどんな人に会うでしょうか。そして、この人たちはどうやって生活しているのでしょう。そのようすは、じつはぼくが夜まわりをはじめたころもいまも、それほど変わっていません。たとえば、仕事については、夜まわりでこんな話になることがあります。


「ごはんはどうやって食べてるんですか？」

「あき缶を集めてるよ」

「それって1日いくらくらいになりますか」

「どんなにやっても1000円にはいかんかなあ」

❶夜まわりで野宿者と話をする中学生たち。
❷現場でしか聞くことのできない話も多い。
❸生田武志と釜ヶ崎をフィールドワークする中津川市立第二中学校の生徒。

「何時間ぐらい集めてるんですか？」
「だいたい、10時間ぐらいかなあ」
「どこらへんまで行きます？」
「奈良のほうまで行くこともあるよ」
「歩いて？」
「そう。あと、自転車とかで」

夜まわりで出会う野宿者の多くは、段ボールかアルミ缶を集め、それを業者に売って生活しています。各種の調査によると、大阪市の野宿者の6割以上は段ボールやあき缶集めをしています。段ボールやアルミ缶を集めてない人はどうしているんでしょうか。釜ヶ崎の近くだと、建築現場の日雇いの仕事をさがす人が多いですが、日本橋の電気店街だと、新作ソフトの売りだしの日には徹夜で行列ができます。その行列に並んで「**番取り**」をするバイトがあったりします。ぼくが聞いたところでは、大阪ではひと晩並んで1000円が相場でしょうか。これにかぎらず、街のなかでいろんなアルバイトがあるようです。

ところで、段ボールやアルミ缶は売ると何円になるんでしょう？　たとえば段ボールは1キロ集めると、いくらになると思いますか？　正解は、**1キロで6円**です。

では、アルミ缶はいくらになるでしょう？　アルミ缶1個だといくらになると思う？

2個で3円ぐらいみたいです。

番取り
「ナラビ」ともいう。

段ボール1キロで6円
アルミ缶1キロ90円。ともに2013年現在。

さて、段ボールは「１キロで６円」。つまり「１００キロで６００円」です。じっさいには、そこからリヤカー代としてキロあたり１円引かれるんですが。６００円分の１００キロっていえば、大人ふたりぶんぐらいの重さです。そんな重さの段ボールを集めようと思っても、なかなか集められないですよ。

アルミ缶は「２個で３円」ぐらいだから、「１０００個で１５００円」です。アルミ缶１０００個は、これもちょっとやそっとでは集まりません。だから、「段ボール、アルミ缶を１日集めても、１０００円にはいかんかなあ」というのは「そうだろうなあ」と思います。

段ボールやアルミ缶をこうして１日に「だいたい、10時間ぐらい」集めるんですが、これは時給でいうと１００円ぐらいになります。マクドナルドでも高校生に時給８５０円ぐらい出します。「足を棒にして」の大変な労働なのに、時給が１００円。そうやって稼いだお金で、安い食堂で食べたり路上で自炊したりしてなんとか生活しています。ふつう、だれだってこんな割にあわない生活は好きこのんでしません。では、なんでそうしているかというと「ほかに仕事がないから」です。

じっさい、野宿している人の多くは、口をそろえて「仕事さえあればこんなとこで寝てない」といっています。というか、その人たちは仕事があったときには野宿していませんでした。野宿になる最大の原因は、どんな調査も示しているように、仕事がなくなる「失業」なのです。

学生のときにぼくが会ったなかでも、60代、70代でアルミ缶集めや段ボール集めをしている人がいました。ぼくたちが声をかけます。「おじさん、そんな生活しんどいじゃないですか。ぼくらといっしょに役所に行ったら、**生活保護**といってアパートを借りて役所から生活費をもらえるから、そうしませんか」。そうすると、多くの人は断るんです。「わたしはアルミ缶集めで自力で生きていきます。まだ人さまの世話にはなりたくありません」と。それを聞いていると、「世の中を器用にわたっていけない正直な人が野宿しているんじゃないか」という気がしてきました。学生のときのぼくは、「日本では正直者が野宿をしているんだ」とびっくりしたんです。

そうして夜まわりや病院や役所への同行、アパート訪問などの活動をつづけて、大学後半の2年間は、京都にいるよりも釜ヶ崎にいる時間のほうが長かったです。卒業するときにどうしようかなと思いましたが、結局、釜ヶ崎に残って、「同じ生活をしないとわからないこともあるだろう」と思って、自分で日雇い労働をはじめて、**土方**をしながらあいている時間に日雇い労働者や野宿者の支援活動をつづけていました。

ただ、いまは釜ヶ崎も日雇い労働が本当になくなってしまって、さがしてもほとんど仕事がありません。それで、日雇い労働をやめて、アルバイトをしたりしてなんとか生活しています。

生活保護
憲法25条（生存権とよばれる）にもとづき、生活にこまっている人に必要な保護を行ない、健康で文化的な最低限度の生活を保障する公的な制度。医療扶助、生活扶助、教育扶助などがある。野宿の人も、これを使ってアパートに入り、生活費を支給してもらえる。

土方
土木作業員および建築作業員の通称。

野宿問題と生活保護バッシングについて

ここでひとつお話ししておきたいことがあります。生活保護を受けずにアルミ缶集めをしている野宿の人の話をしましたが、そういう野宿者とくらべて生活保護を受けている人たちを厳しくいう中高校生が最近増えてきました。たとえば、ぼくの話を聞いた高校生のこういう感想（一部）があります。

「あと一つ印象に残ったことは、路上生活者の人で生活保護を受け取らない人もいるということでした。生活保護をもらっていながらパチンコをしたりする人もいるので、そんな人ではなく、本当に困っている人が受け取るべきだと思いました」

「生活保護の不正受給者も大勢いるこの社会で、なんとか自力で生きようとしている。苦しくても自殺を選ばず、必死で生きようとする。そんな彼らに対して、もう少し救いの手があってもいいのではないかと思った」

２０１２年にお笑いタレントの河本準一さんの母親の受給問題が片山さつき議員などによって問題とされ、マスコミで「不正受給」と騒がれ（このケースは「不正受給」ではありませんでしたが）、その後、「生活保護を受けているのにお酒を飲んだりギャンブルをしている」などと生活保護の利用者が批判される「生活保護**バッシング**」が起こりました。

もちろん、「ほかに収入があるのに、それを隠して生活保護を受けている」とすれば、そ

バッシング
個人・団体の行為に対する過剰または根拠のない非難をさす外来語。ｂａｓｈ（たたく）に由来。

れは「不正受給」で犯罪です。しかし、不正受給の割合は、じつは生活保護を受けている人のうちわずか「0・4%」で、しかもそのかなりが、受給者である親が高校生の子どものアルバイト収入を報告するのを忘れていた、などの申告ミスです。それなのに、「すごく多くの人が不正受給している」みたいにテレビなどで大報道がされ、生活保護を受けている人たちがとても苦しみました。いま、生活保護を受けている家庭の子どもたちがいっぱいいますが、その子たちはどれほど傷ついただろうかと思います。

そもそも、飲酒や合法的なギャンブルは、生活保護を受けていてもほかの人たちと同様に行なうことができます。生活保護を受けているからといって、娯楽が許されないわけではなく、受給額の枠内であれば、それをどう使っても「個人の自由」だからです。

また、野宿している人たちが生活保護などに頼らず生きているのはたしかにりっぱなことですが、生活保護を受けていると「りっぱじゃない」「正直ではない」ということにはなりません。たとえば、奨学金を受けずに学費も生活費もぜんぶ自分で稼ぐ学生がいたらたしかに「りっぱ」ですが、それはだれでもできるわけではありません。むしろ、経済的に苦しいときに、多くの学生が安心して奨学金を利用できる社会であるべきだと思います。

何かの事情で生活にこまったとき、社会全体でその人の生活を支える制度が生活保護です。生活保護を多くの人がふつうに利用できて、ふつうにくらせる社会が、温かくて安心できる社会だと思います。

それにしても、学校で、生活保護の意味や「不正受給はほとんどない」という事実をきちんと教えていれば、生徒からこういう感想はあまり出ないはずなのになあ、と思います。

「不安定雇用→失業→貧困→野宿」

20数年間、活動していると、いろいろな変化がありました。ひとつは、野宿者の数が激増したということです。

ぼくたちが夜まわりをはじめたころは、日本全国で野宿をしている人はたぶん1000人くらいでした。しかし、いまはだいたい2万人くらいが野宿をしています。7、8年前は3～4万人ほど野宿していましたからだいぶ減ったんですが、それでも以前の20倍、30倍に増えたことになります。

そして、全国に野宿が広がりました。以前は大都市にしかいなかった野宿者が、10年くらい前からは、北海道から沖縄まですべての都道府県で存在します。

これは、釜ヶ崎の「不安定雇用→失業→貧困→野宿」というパターンが日本全国に広がったということです。みなさんご存じでしょうが、いま、日本の労働者の3分の1以上が**非正規雇用**です。パートやアルバイト、それから派遣などですね。たとえば、**フリーター**がいま何百万人かいますが「いつクビになるかわからない」「けがや病気をしたらたちまち生活にこまってしまう」「年をとったら、給料が上がるどころか、たぶん仕事がなくなってし

非正規雇用
臨時的な雇用形態で、季節雇用、契約社員、派遣社員、嘱託雇用、パート、アルバイトなどの雇用をさす。対義語は正規雇用。

フリーター
アルバイトやパートタイマーなど正社員以外の就労形態で生計をたてている人をさす言葉。「フリーランス・アルバイター」の略称。

まう」という点で、フリーターは日雇い労働者とまったく同じです。日本じゅうで野宿をしている人が増えたのは、そういう理由からだと思います。

そして、野宿している人たちの変化もありました。ひとつは女性の増加、そして若者の増加です。

ぼくが夜まわりをはじめたころ、女性の野宿者はほとんどいませんでした。でも、だんだん増えてきて、いまでは日本で**野宿をしている人の7%が女性**という調査結果が出ています。100人野宿をしていたら、そのうち7人が女性ということです。

女性が野宿になる原因は何でしょうか？　ひとつは、男性の場合とまったく同じように「失業」です。そこには、女性の就業の変化があったと思います。ひと昔前のように、専業主婦がパート労働をするのが一般的な時代には、パートをクビになったからといって野宿になる女性はまずいなかったと思います。ですが、単身女性がフルタイムの仕事をするのが一般的になると、男性の場合とまったく同様に「失業から貧困、野宿へ」というパターンが増えました。

女性が野宿になる原因はもうひとつあるんですけど、わかりますか。

いちばん直接的な理由は**DV**、つまり夫からの肉体的、精神的な暴力です。耐えきれなくなって逃げだすんですが、自分の実家とか友だちの家に行くと、夫が追いかけてきてつれ戻されたりします。そこで、お金をもてるだけもって、子どもの手をひいて逃げだしま

野宿者の7%が女性
政府調査によると3%とされているが、2006年～2007年に実施された民間の「虹の連合」による全国調査では7%と報告された。

DV
ドメスティック・バイオレンス(domestic violence)。夫婦や恋人など近親者間に起こる暴力。

国家・市場・家族の失敗(変容)

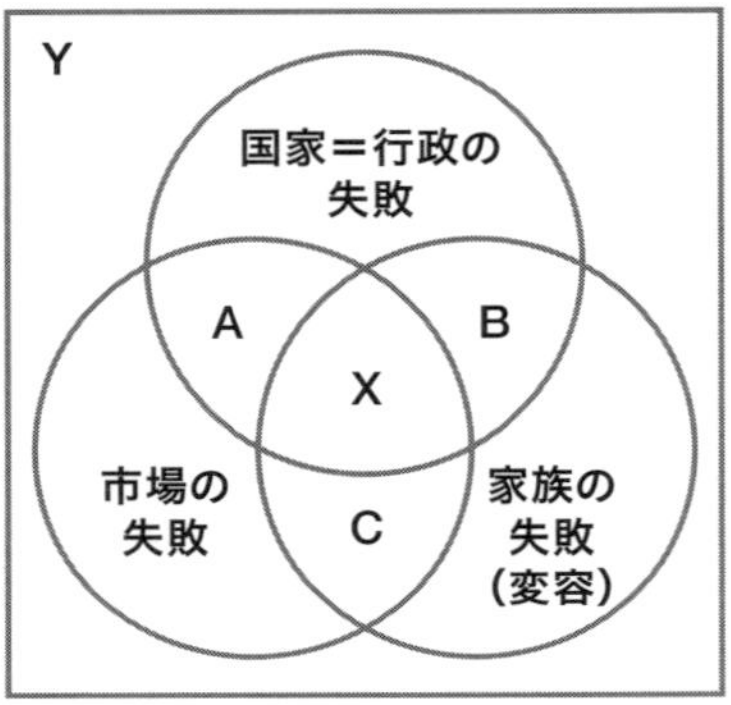

わたしたちのくらしを支えているものについて考えてみよう。
「国家＝行政」は人々から集めた“税金”を社会保障制度などを通して“再分配”することで、「市場＝資本」は“収益”を働いている人々に“賃金”として分配することで、「家族＝共同体」はおたがいがおたがいを支えあう“相互扶助”によって人々のくらしを保障している。
しかし、この「国家」「市場」「家族」がすべて失敗することもありえる。ここで「国家(行政)」の失敗、「市場(資本)」の失敗、「家族(共同体)」の失敗(または変容)を、円で表わしてみよう。いわば、それぞれの円は“健康で文化的な最低限の生活”にあいた穴である。すると、3つの円の外＝Yは、仕事があり、行政による生活保障が機能し、家族の扶助が働いている状態。ぎゃくに3つの失敗(変容)が重なった領域＝Xは、失業し、行政から放置され、家族の扶助を望めない状態となる。野宿者のほとんどはこの状態にある。
こうした「国家・市場・家族の失敗(変容)」は、ときとともに変化する。その変化を下の図で見てみよう。

<図1> 従来の日本

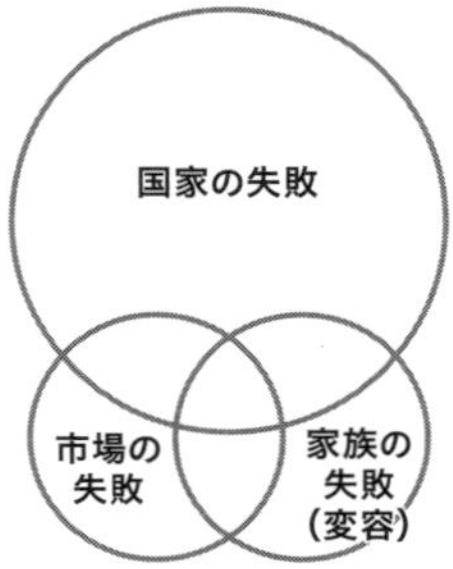

図1は、1960〜80年代の従来の日本社会。国家による福祉政策は手薄だったが、国際的に異例なほどの低失業率だったため、企業や家族によって人々のくらしが支えられていた。そのため、野宿者問題はマイナーな問題にとどまっていた。ただ、失業にさらされやすく、家族から切りはなされ、国家からも放置されてきた寄せ場の日雇い労働者だけが、つねに野宿にいたる危険ととなりあわせの状態にあった。

<図2> 現在の日本

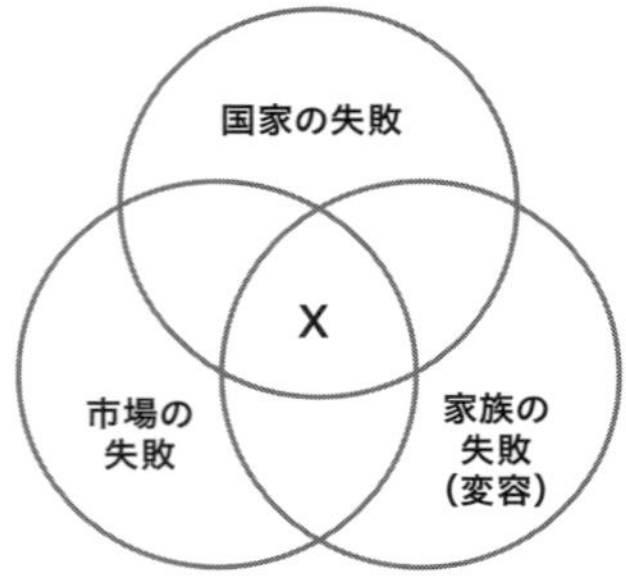

しかし、90年代以降の日本はさらに「規制緩和」「小さな政府」へ急激にかたむき、しかも労働市場の変容(産業構造の転換による失業者の増大、失業の長期化、不安定雇用の増大)と家族の変容(単身世帯の増加など)に見まわれた。
その結果、現われた変化が図2。そもそも大きくあいていた「国家＝行政の失敗」に加えて、「市場の失敗」と「家族の失敗(変容)」の穴がひろがった。このため、従来は小さかった領域＝Xが拡大し、その結果として貧困と野宿者が増加しはじめた。

自立って……

「国家・市場・家族の失敗（変容）」を、個人の側から見るとどうなるか？

多くの人は、行政（国家）、企業（市場）、家族（共同体）の3つの生活保障のネット＝セーフティネットに支えられて生活している。

ひとつが機能しなくても、ほかのふたつでカバーできる。たとえば、失業しても、雇用保険や家族を頼って生活する、など。

でも、いまや行政（国家）、企業（市場）のネットが機能しなくなって、家族だけが貧困をカバーしている。若者があんなに貧しいのに野宿にならないのは、家（親）を頼っているからだ。

収入が少なくて、行政が助けず、家族も頼れないと、個人がどんなに努力しても「自立」なんてできない！　どこに立てばいいんだ？

ありむら潜『カマやんの野塾』よりキャラクターを引用

す。そして、最初はホテルに泊まって、お金がなくなってくると24時間レストランに親子で朝まで座っていて、いよいよお金がなくなると、どこかの公園のベンチにしょんぼり親子で座っていて、ぼくたちと出会うというパターンです。じっさい、ぼくたちも、子どもと野宿をしているお母さんから相談を受けることがあります。そういうときには、市や府の女性相談センターや民間のＤＶのシェルターに連絡して、そこに行ってもらうことがあります。

この場合、子どもが野宿をしているのです。ぼくが直接あるいは間接的に知っているだけで、この数年間で10数人の子どもが野宿していますから、日本全国ではかなりの数の子どもが野宿をしているのではないかと思います。

東京と京都でそれぞれ、お父さんとお母さんが失業して、両親と子どもたちが**車で野宿**をしているというケースもありました。子どもたちは、車から小学校へ通っていたんですが、１か月以上、学校の先生はそれに気づかなかったそうです。最終的には、地域の福祉につないでなんとかなったのですが、こういった「家族での野宿」は今後も増えていく可能性があると思います。

野宿者の若年化

もうひとつの変化は若年化です。いま、30代の人の野宿は全然めずらしくありませんし、

車で野宿
「車上生活」ともいう。家は追いだされたが、車がまだ手元にある場合、車内に寝泊まりしてすごす。

20代もあるし、ときどき10代もあります。

ぼくは**野宿者ネットワーク**の携帯電話をもっているんですが、ホームページから電話番号を見て相談してくる若い人が増えました。たとえば、こんな感じです。

「ぼくは20歳なんですが、仕事がなくなって住む場所が1か月前からありません。なんとかなりませんか」

また、この人は女性です。「わたしは29歳なんですが、大学院を出てから研究員として研究所で勤務してきました。でも、予算カットでクビになってしまいました。それからはコンビニでバイトをしていたんですが、腰を悪くして、それもできなくなってしまいました」

元旦には、派遣で働いていた20代の夫婦から相談がありました。仕事がなくなって、家賃が払えなくなって12月30日に家を出て、31日には泊まるところがなくなり、どうしたかというと、大阪駅のトイレに座って年をこしたそうです。元旦になって、携帯で「ホームレス支援」と検索すると野宿者ネットワークの番号が出たということで、お昼に相談の電話が入りました。すぐに会いに行ったんですが、当然ですがふたりとも疲れはてた顔をしていて、女性は妊娠していました。

こういう若い人からの相談のときには、ぼくは「実家に帰るのは無理なんですか」と聞きます。無理だから相談に来ているにきまっていますが、ぼくも事情を知りたいのでわざわざ聞くんです。

野宿者ネットワーク
1995年に起こった大阪・道頓堀川「ホームレス」襲撃事件（196ページ参照）をきっかけに結成。毎週土曜日の夜まわりなど、公園・路上で野宿している人々への追いだし、襲撃、健康問題などに対する支援のほか、野宿から生活保護になった人への支援も行なう。

おおざっぱにいって、若い野宿者の場合、家庭環境にはパターンがふたつあります。ひとつが「ひとり親家庭」、そのほとんどが母子家庭です。たとえば「わたしの家は母子家庭で、わたしのほかに4人きょうだいがいて、生活保護を受けている状態です」。あるいは、「わたしの家は母子家庭だったのですが、再婚して義理の父親がいて、その義理の父親とわたしの関係が非常に悪く、とても帰れません」とか。

もうひとつの家庭環境は何かわかりますか？「虐待」です。「いま、わたしの実家には父親だけいるのですが、小さいころから父親からの暴力が激しく、あの家には死んでも帰れません」「家には母親と兄がいてるんですが、母は覚醒剤依存で、兄からの暴力も激しく、とても帰れません」などです。

基本的に、多くの若者は貧困です。フリーターの平均年収が**１０６万円**というデータもあります。そもそも、25歳以下の労働者の半数が非正規雇用です。欧米では、「ホームレス」というと、その多くが若者です。その背景には、若者の長期失業や家庭環境の問題があります。でも、日本ではまだ、それほど若者の野宿は多くありません。なぜかというと、それはたぶん、若者は貧困状態になっても、実家に住んでいるからです。あるいは、親から仕送りがあるからです。

たとえば実家に住んでいれば、けがをしようが病気をしようが失業しようが、とりあえず野宿になることはないでしょう。つまり、若者の貧困は「若者の野宿」という形ではな

フリーターの平均年収１０６万円
出典／ＵＦＪ総合研究所「フリーター人口の長期予想とその経済的影響の試算」（２００４）。

くて「親との同居」という形で隠されています。そのなかで、実家が貧困だったり、あるいは暴力があって「親を頼れない」若者がぞくぞくと野宿になっている状況だと思います。こういった場合、**自立支援センター**を紹介するか、生活保護を申請するなどの方法を考えて、なんとかしています。ただ、虐待経験のある若者は、施設に入ったりアパートに入ってからも、たびたびトラブルが起こります。人間関係をつくる力がそこなわれていて、アパートで近所の人ともめてしまうことがよくありますし、ストレスに非常に弱い面があって、就職活動や人間関係でうまくいかないことがつづくと、アルコール依存になってしまうことがあります。

これは、マスコミなどでいわれる「生活保護を受けて働かない若者」ということになるのかもしれません。ぼくたちは、アパートや施設に入ってからも、訪問して話しあったり、生活保護利用者の「寄りあい」を開いて、そういう人たちの居場所づくりをしています。それは、社会的な「育てなおし」をやっているのかもしれないと思うことがあります。そういうことなしに、本人を責めているだけでは、問題は解決しないだろうと思います。

ぼくたちは野宿をしている人たちとかかわりつづけていますが、そこで出会うなかでもっとも深刻な問題として、「健康」「排除」「襲撃」があります。

いつも心が痛むんですが、夜まわりに行くと、野宿している人には体の具合の悪い人がとても多いです。腰痛、足のけがの後遺症、内臓疾患などですが、本当なら病院や施設で

自立支援センター
自立支援法により、宿泊場所と食事などが提供されるほか、生活指導や就労指導を行ない、就職に伴う情報提供も行なわれる施設。入所者はそこで原則3か月生活しながらハローワークに通い、仕事を見つけていく。しかし、自立支援センターの多くは「二段ベッドの10人部屋」という居住状態で、設備やプライバシー確保の面で利用者に生活上のストレスを与えていると指摘されている。

治療すべき状態の人が、真冬でもいっぱい路上で野宿しています。いうまでもないですが、真冬の野宿は「命がけ」です。

なんでかというと、ひとつにはお金がないので健康保険に入れないからです。**保険なしの実費**で病院に行くと、レントゲン1枚で数千円取られます。そんなお金はとてもないので、体の調子が悪くてもがまんしつづけて、ますます体が悪くなっていきます。そして、がまんにがまんして最後に救急車で運ばれます。そして、最後に行きつくのは、最悪の場合「路上死」です。

ぼく自身、この20年近くの間に、何度も死者の第一発見者になりました。これは、あるていど長く野宿者にかかわる活動をやっていると避けられない現実です。人間はいろんなものに慣れていきますが、自分のすぐ横でみすみす人が冷たくなって死んでいくという現実には慣れることができません。

毎年、釜ヶ崎では「**越冬闘争**」といって、年末から春まで毎日夜まわりが行なわれるんですが、とくにそのときに亡くなった野宿者に出会います。最近の越冬でも、夜まわりのとき、釜ヶ崎地区内でうつぶせになって毛布もかぶっていない人に参加者が出会いました。夜まわりにいた高校生が声をかけたところ、返事もなく、さわると体が冷たくなっていました。もう体が硬直していましたが、みんなで一生懸命に体をさすって「兄さん、兄さん、みんないるよ、がんばって」と声をかけつづけたそうです。救急車が来ましたが、隊員は

保険なしの実費
患者が医療費を100%支払うこと。「全額自費」「自己費診療」。

越冬闘争
寄せ場や野宿者支援現場で年末年始に実行委員会によって行なわれる、夜まわり、ふとん敷き、炊きだし、越冬祭りなどの取りくみのこと。年末年始は日雇いの仕事がほとんどなくなり、行政の窓口も閉まり、寒さのなかで凍死、餓死する人が続出するため、「仲間からひとりの死者も出すな」というスローガンのもと、釜ヶ崎や山谷などで40年近く取りくまれている。

「もう死んでいる」と病院には行かず、警察に行きました。学生たちは体をふるわせて泣き、夜まわりのあと、みんなで黙祷をしました。そのなかにいた女子生徒たちは、あとになって泣きだし、パニックになったとのことでした。道の上で、そばにだれもいないままに死んでいった人が現実に目の前にいるということが大きなショックだったからです。

野宿者襲撃は夏休みに集中する

襲撃についてお話しします。あまり知られていないことですが、野宿者はしょっちゅう襲われています。なぐるけるからはじまって、エアガンでうちまくられる、石を投げられる、打ちあげ花火を段ボールハウスに向かってうちこまれる、１００円ショップなどで生卵を買ってきてそれを投げつけるなどがあります。

ぼくが聞いたなかでいちばんびっくりしたのが、野宿していて寝ていたら突然ナイフで目玉をグサッと刺されたというものです。その人はすぐ救急車で運ばれて病院で何時間もかかる大手術をしたんです。あとで医者が本人に「**えぐかった**で」といったらしいんです。その人の目はなんとか助かったんですけど、ほとんど見えなくなってしまいました。その人はぼくに、「なんでこんなことをされるのかまったく覚えがない」といっていました。

こうした野宿者への襲撃は、１９７５年ごろから本格的にはじまって、それからとぎれることなくつづいています。

えぐかった
関西弁で「とてもひどかった」という意味。

襲撃にはいくつかの特徴があります。ひとつは、襲うのがほとんどの場合、10代の少年グループだということです。そして、グループであって、単独で襲うことはほとんどありません。

もうひとつ、襲撃は夏休みに集中します。これは現場で完全に常識になっていて、夜まわりをして7月になると、野宿をしている人が「そろそろ夏休みだな、気をつけないといけないな」とよくいっています。

ぼくたちが夜まわりしている地区で起こった、夏休みの襲撃事件をいくつかまとめてみたので紹介します。

〈2000年7月22日〉

午前4時ごろ、高校生をふくむ4人の若者が、**天王寺駅前**商店街で野宿していた67歳の小林俊春さんを襲撃、暴行し、その結果、小林さんは内臓破裂によって死亡した。

小林さんは釜ヶ崎で日雇い労働者として仕事をしていたが、不況と高齢との影響を受けて野宿に追いこまれ、1か月ほど前からその場で段ボールハウスで野宿していた。襲撃した4人の若者は、2000年はじめから「ホームレスはくさくてきたなく社会の役に立たない存在」「格闘技ゲームの技を試し、日ごろの憂さをはらしたかった」と、「**こじき**狩り」と称して野宿者への襲撃をくりかえしていた。彼らは「スリルがある」「憂さがはれる」と

〈2000年7月22日〉天王寺駅前の襲撃事件
↓195ページ参照

こじき
食べ物や金銭を人から恵んでもらって生活すること、または生活している人。比丘（僧侶）が自己の色身（物質的な身体）を維持するために人に乞う仏教用語「乞食（こつじき）」に由来。

集団化し、「かかと落とし」や「回しげり」などのゲームの技を試していたという。ほかの少年9人も、その年の1月から約半年間に20数件、野宿者襲撃を重ねていたとされている。彼らは事件当夜も「狩りにいこう」「ノックアウトするまでやろう」と誘いあい、コンビニで襲撃目的の花火を買い、酒で勢いをつけて6件の襲撃事件を起こしていた。天王寺の襲撃の1時間前には、同じ区内の公園で71歳の野宿者のテントに爆竹を投げこみ、おどろいてテントを出たところに暴行を加え、さらにビニールひもで首をしめた。また、ほかの野宿者から数千円の現金まで奪いとっていた。

7月22日、これはこの年の1学期の終業式の日でした。つまり実質的に夏休みのはじまる日にこういう事件が起こったわけです。

翌年の２００１年の同じ時期に、やはり非常にひどい事件が起こっています。

〈２００１年7月19日〉

朝4時ごろ、日本橋の路上で野宿者への放火。

本人の話。「アルミ缶を集めている。あお向けに寝ていて、気づいたら股が火につつまれて燃えていた。『ヒャハハハ』という高い笑い声が聞こえた。とにかく燃えているズボンとパンツをぬぎすてた。担当医師によると、陰部、両下肢のやけど、全身の10%。だいたい

２度のやけどだが、10％のうち２％（手のひら２枚分ほどの範囲）は３度、つまり重傷。

この事件は大阪市の「**でんでんタウン**」で起こりました。アルミ缶を集めている人がいて、疲れて寝ていたんです。そうしたら、朝の４時くらいに、気がついたら下半身が燃えあがったらしいんです。びっくりして火をふりはらおうとしたけれど、消えません。ガソリンをかけられて火をつけられたので、ちょっとやそっとじゃ消えないんです。

しばらくのたうちまわっていたんですが、思いついてズボンとパンツをぬぎすてたんだそうです。そうしたら、油は服についているので、体から火は消えました。すぐに救急車で運ばれて、入院したのです。

それまで、エアガンをうちまくるとか石を投げるとかいう事件はしょっちゅう聞いていましたが、寝ているところに油をまいて火をつけるなんて聞いたことがなかったので、びっくりしました。しかも、犯人はまだ逃げていますから同じことをやりかねません。次の夜まわりで、「こんな事件が起こっている、寝ているところにガソリンをまいて火をつけるという事件で、まだ犯人がつかまっていないからみんな気をつけよう」というチラシを５００枚ぐらい作って、野宿しているみんなに配りました。

それを配ったのが土曜日の夜なんですが、その８時間後くらい、つまり日曜日の早朝にもっとひどいことが起こってしまいました。

でんでんタウン
大阪市浪速区の大電気店街。現在は東京の秋葉原と同じく、アニメやゲーム、マンガ同人誌の店やメイドカフェが多く並んでいる。

〈２００１年７月29日早朝〉

日本橋で野宿者への放火。リヤカーで寝ているところへ全身にガソリン類をかけて火をつけたらしい。現場近くで野宿している人たちに聞いたところ、朝６時ごろ、「ああー」というすごい声でびっくりして外へ出てみると、火のついた状態でＳさんが走ってきた。あわててみんなで水をぶっかけたり、ふとんでくるんだりして火を止めた。

担当の医師によると、全身35％のやけど、18％は３度のやけど、救命できるかどうかというところ。

寝ているところに全身に油をかけて火をつけたようです。

この事件は小さな新聞記事になって、それで事件がわかりました。すぐ、病院をつきとめて、事件の２日目くらいにお見まいに行ってきました。もちろん、まだ集中治療室みたいなところに入っていて話はできないんですが、見てみたら、本当に体じゅうが焼けていました。顔も胸も足もぜんぶ焼けているんです。それを見て、犯人は完全に殺す気でやっているなと思いました。

みなさん知っているかもしれませんが、人間は皮膚の３分の１が焼けるとだいたい、死にます。この人は35％焼けたので、かなりあぶなかったんです。だけど、手術を何度もくり

〈２００１年７月29日〉日本橋で野宿者への放火
→１９５ページ参照

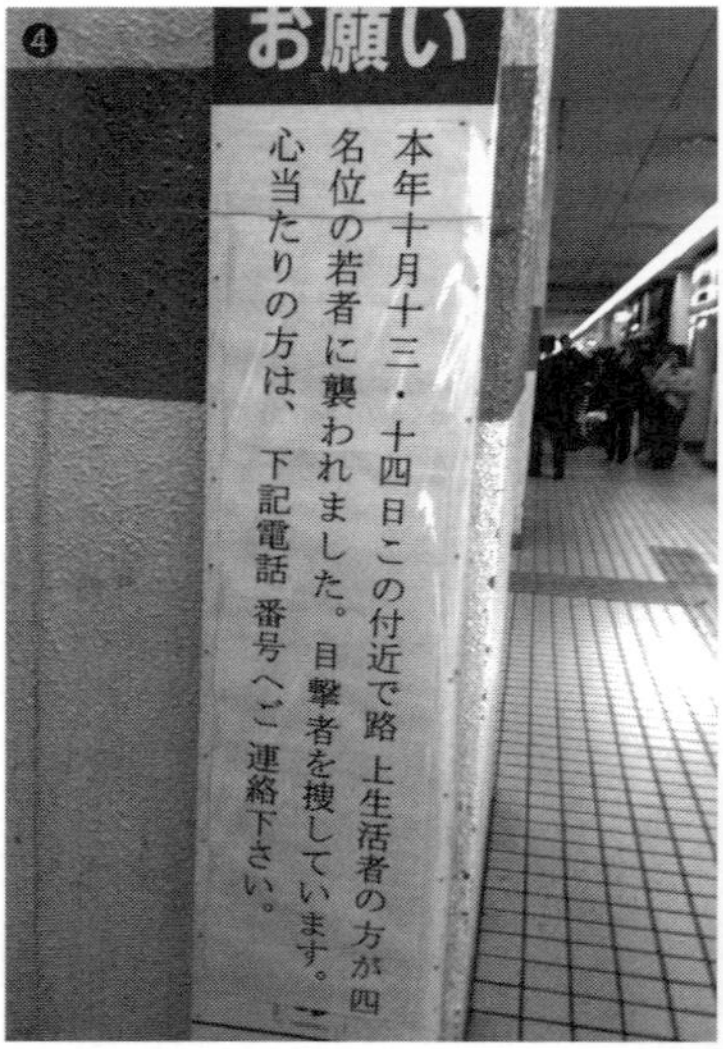

❶2012年「梅田の野宿者襲撃殺害事件を考える追悼集会」で語る生田武志。

❷❸大阪・梅田の襲撃現場に花をたむけ、被害者・富松国春さんの冥福を祈る子どもたち。

❹梅田・野宿者襲撃事件の目撃者情報をよびかける看板。

かえして助かりました。ぼくたちは、ちょっとやけどしてもものすごく痛いですよね。この人は、こんな大やけどをしているので、意識をたもっていられないんです。それで、意識を落とす強い薬をずっとうたれていたので、それの副作用と、事件のショックもあったと思うんですけど、ほとんどしゃべれなくなりました。ぼくはずっとお見まいに行っていたんですが、何度行っても何も話すことができない状態が長くつづきました。

結局この人は1年半かかって退院できたんですが、退院するときは障がい1級になってしまいました。当たり前ですが後遺症がすごく残ったんですね。そして、この事件の犯人はいまでもつかまっていません。

その後も、夏休みになると事件が起こるということがつづいています。

また、**２００５年**には**姫路市**で襲撃事件があり、中学生、高校生、無職少年ら４人がビール瓶にガソリンをつめて火炎瓶を作って、それを地元で野宿している60歳の人に投げつけて焼き殺しました。犯人がつかまるまでに時間があったので、主犯の高校生は卒業式を迎えることができましたが、その少年は卒業生代表として答辞を読んでいました。答辞の内容は、「人間として思いやりの心を忘れず、凛とした姿勢で生きていくことが大事だと思います」というものだったそうです。

２０１２年10月には、府立高校生を含む16～17歳の少年グループが、**大阪・梅田駅**で野宿していた人たちを襲撃しました。ぼくたちは、現場に行って、被害者や目撃者から話を

２００５年　姫路市の襲撃事件
↓１９３ページ参照

２０１２年10月　大阪・梅田駅の襲撃事件
↓１９０ページ参照

聞いてきたんですが、それによると、深夜、いきなり若者たちがやってきて「邪魔やねん」「あやまれ」などといって野宿している人の頭を思いっきりけりつづけ、ひとりがおわると、次のターゲットのところに行って、同じことをつづけたそうです。この結果、67歳の富松国春さんが搬送先の病院で亡くなり、ほかにも70代の野宿者が脳挫傷を負って入院させられ、3人ほどがけがを負わされました。

こうして襲撃は起こりつづけていますが、それを止めるのは非常にむずかしいです。ぼくたちは、あんまり襲撃がつづくと、現場に張りこんでつかまえようとすることもあります。つかまえると、ぼくたちと野宿している人たちとでしっかりと話して帰ってもらいます。また、あとで学校に行って、本人たちと親と先生に来てもらって、話しあってもらうこともあります。

でも、張りこんでも、来るかどうかは向こうの気分しだいだし、来ても逃げ足が早かったりして、つかまえるのはなかなかむずかしいです。それに、つかまえても、しばらくするとべつの子どもたちが襲撃にやってくるので、「いたちごっこ」という気もしてきます。

大人の偏見が野宿者襲撃のあとおしをしている

なぜ、とくに10代の少年グループが野宿者を襲うのかは、考えてもよくわからないところがあります。でも、そこには大人の影響もあるのではないかと思います。

ぼくは学校で、子どもたちにアンケートをとることがあります。そのなかでいちばん興味深いのは「みなさんの家の人が『ホームレス（野宿者）』について何かいっているのを聞いたことはありませんか」という問いです。いろいろな答えが出てきます。みなさんの家ではどうですか？

なかには「ぼくのお母さんはホームレスの人を見かけると、食べる物をあげて、話をして、いっしょに役所に行って相談しています」という人もいますが、いちばん多いのは、指をさしたりして「あんなふうになりたくなかったらもっと勉強しなさいといいました」というものです。また、「わたしのお母さんは、ホームレスから話しかけられても無視しなさい、と教えてくれました」というものもあります。「わたしのお母さんは、ホームレスと目を合わせるな、と教えてくれました」というのもあります。なぜか、お母さんが多いですね。どれも、クラスにひとつは出てきます。

これは、要するに「かかわるな」ということです。多くの親は、子どもと野宿者が出会うと子どもがあぶないと思っているようです。

でも、じっさいには野宿者はしょっちゅう子どもから襲われていますが、ぎゃくに野宿をしている人が子どもを襲ったという例はほとんど聞いたことがありません。０ではないでしょうが、本当に少ないです。大阪は日本でいちばん野宿者が多く、ぼくは大阪市の教育委員会と何年も交渉しているんですが、あるとき「大阪で野宿者が子どもを襲った例っ

て教育委員会に報告されていますか」と聞いたら、教育委員会の人は「そんな話は聞いたことがない」といっていました。要するに、ほとんどないんです。それなのに、どうしてこんないい方をされるのでしょうか。

いまからいうのはあまりいい例じゃないですが、わかりやすいからいいます。

たとえば、親が子どもに「在日外国人から話しかけられても無視しなさい」なんて教えたら、それはおかしいですよね。ふつう、いわないと思います。あるいは親が子どもに「障がい者と目を合わせるな」なんて教えたら大変なことです。だから、ふつうはいわないと思います。でも、おもに失業によって住む場所がなくなった、「究極の貧困者」である野宿者については、こういう差別発言がけっこう平気でいわれています。

子どもにしてみたら、小さいときからこんなことをいわれたら、「ああやって道とか公園で寝ている人たちはあぶないんだ」「かかわっちゃいけないんだ」と思うかもしれません。その意味で、大人の偏見が野宿者への襲撃をあとおししているんじゃないかと思うことがあります。

しかし、子ども自身の問題も大きいと思います。これについては、ぼくが授業で行った中学生の感想文がいちばん印象に残りました。今日はひとりだけ引用します。

「以前、友達とバイバイと別れるとき、野宿者の人もバイバイと言ってくれたことがありました。自分に向かって挨拶してきたと思ったのかそうでないのかは今もわかりませんが、バイバイと心のこもった挨拶のできる人が社会のゴミであるはずがないと思います。あの人のバイバイは今も忘(わす)れていません。**ビデオ**で見た『ホームレスじゃなかった、ここがホームだった』という言葉がとても印象に残りました。家も仕事もある人で自分の居場所がないという人、そういう人が野宿者を襲うんだと思います。ハウスがあってもホームがない人、ハウスがなくてもホームにいる人、比(くら)べるのはよくないことかもしれないけれど私(わたし)から見たら後者の方が人間らしい人だと思いました」

ハウスがあってもホームがない人というい い方をしていますけど、野宿者はふつうの意味での「ハウス」がないとされています。だけど、野宿しながら野宿者どうしで助けあったり、野宿している地域の人と温かい人間関係をつくったりして、「アットホーム」といういい方がありますが、信頼(しんらい)できる人間関係をつくっている野宿の人がいます。だから「ハウス」はないけど、居場所としての「ホーム」はあるということです。

ぎゃくに、野宿者を襲う子どもたちは「ハウス」はあるんです。帰る家はあるんだけれど、自分が本当につらいときにそれを話せるような友だちがひとりもいなかったり、自分がしんどいときにそれをわかってくれるような大人や友だちがいなかったり、自分という存在を受けとめてくれる人間関係がもてなかったり、そういう意味で自分がいることのできる居場所としての「ホーム」がない子どもがいます。なので、「ハウスはあるけどホームがない」んです。「ホーム」のない子どもが「ハウス」のない野宿者を襲う。「ｌｅｓｓ(レス)」

ビデオ
日本テレビ系列『きょうの出来事』の特集「野宿者襲撃」（２００１年１月放送）の録画を授業で紹介。

というのは「〜がない」という意味です。つまり、野宿者を襲う子どもたちこそ「ホームレス」だというのです。

「経済の貧困」と「関係の貧困」

いま、ぼくたちが感じている生きづらさには、「経済の貧困」と「関係の貧困」が大きく影を落としています。最低限度の生活を維持できなくなる「経済的な貧困」の一方で、社会にあった「つながり」が機能しなくなって、「自分が自分でいられない」「自分を殺しつづけなければならない」場になっているため、そこでは「生きられない」人々が無数にいるのです。

資料を見てください。「A」は、「経済の貧困」だけど「関係の貧困」ではない状態です。具体的には、テレビ番組『**銭形金太郎**』で出てきていた「ビンボーさん」。あの人たちの多くは、極貧生活のなかでも、周囲の人たちと助けあいながら、クリエイティヴに明るくくらしていました。もうひとつの例は、「野宿者のテント村」です。

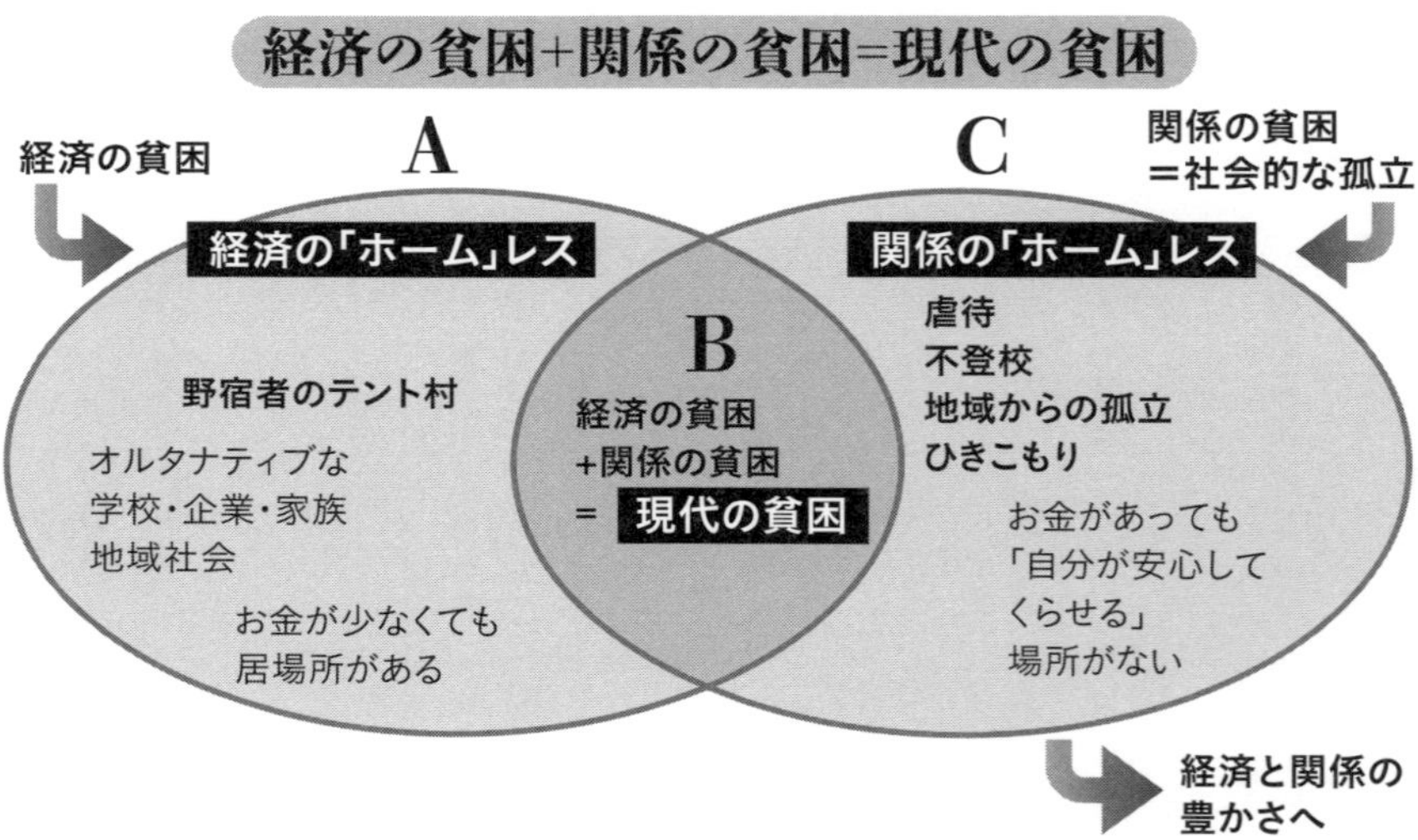

いま、わたしたちが感じている生きづらさには「経済の貧困」と「関係の貧困」が大きく影を落としている。「経済的な貧困」の一方で、社会にあった「きずな」「共同体」が変容・崩壊し、自分の「居場所がない」「安心して居られない」場になっているため、そこでは「生きられない」人々が無数にいる。家庭を居場所にできない「虐待」、そして、従来の学校を居場所にできない「不登校」、会社などを労働の場にできない「ひきこもり」……。

公園のテント村では、だれかが病気でしんどくなるとまわりの野宿者仲間が食事をもっていったり救急車をよびに行ったりすることがあります。また、生活にこまって「テント村」に迷いこんだ人がいると、お金のない野宿者が1000円ほどのお金を貸したり、寝場所を作ってあげたりするのを見かけることがあります。その親切さにはおどろくばかりですが、ひとつには、近所で顔を合わせて生活する「村」では、そうした人間関係が自然にできているからです。

「C」は、ぎゃくに「経済の貧困」ではないが「関係の貧困」の状態。たとえば、野宿からアパートに入った人で、「1日だれとも話さない。ずっと部屋でテレビを見てくらしている」という人がかなり多いです。そうなると、野宿しているのとアパートに入るのとどちらがいいのかと疑問になるときがあります。つまり、「A」から「C」に――「経済の貧困」から「関係の貧困」に――移っただけではないか、ということです。

「経済の貧困」の極限のケースとして「経済のホームレス」があるのですが、「関係の貧困」は「関係のホームレス」とよぶことができるでしょう。つまり、関係の上で「安心して居ることのできる場所がない状態」です。家庭で安心してくらすことのできない「虐待」、学校が居場所にならない「いじめ」などがここに相当します。たとえば、野宿者襲撃の多くは、「関係のホームレス」である少年たちが「経済のホームレス」である野宿者を襲う、という関係としても考えることができます。「関係の貧困」は「社会的孤立」ともいえます。

『銭形金太郎』
2002年から2007年までテレビ朝日系列で放送されたバラエティ番組。夢をめざして貧乏生活を送る「ビンボーさん」を応援するというコンセプトのもと、信じられないような貧乏生活をしながら明るく楽しくくらすビンボーさんが数多く登場した。

そして、「経済の貧困」と「関係の貧困」は相互に関連します。たとえば、お金がないと冠婚葬祭のときの「ご祝儀」や「香典」が出せないので出席できず、つきあいがなくなってしまう、友だちと遊びに行くとお金がかかるので行けなくなる、という話をよく聞きます。「金の切れ目が縁の切れ目」というすごい言葉がありますが、「経済の貧困」が「関係の貧困」を引きおこすのです。また、さっきお話ししたように、虐待や貧困などで「家族を頼ることができない」若者が、経済的貧困におちいりやすいことは当然です。

「Ｂ」は「経済の貧困」と「関係の貧困」が重なった状態です。それは、ぼくたちが直面しつつある「現代の貧困」の典型です。現在の問題は、「経済の貧困」と「関係の貧困」がともに広がり、そのふたつが重なりあう「現代型の貧困」が拡大していることにあります。ぼくたちは、この「ふたつの貧困」をともに解決していかなければならないのです。

学校での授業は劇的な効果がある

襲撃を阻止するためにもっとも効果的な方法は、学校での授業です。神奈川県の**川崎市でも襲撃事件**が多発して、そのときに地元の支援団体と川崎市の教育委員会が徹底的に話しあいをして、１９９５年には川崎市南部のすべての公立の小中学校・高校で「野宿問題の授業」をやっています。その結果、襲撃事件がそれまでの３分の１くらいまで激減したそうです。

川崎市の襲撃事件
↓１９６ページ参照

教育現場での取りくみは、劇的な効果があります。とくに都市圏の子どもにとっては、野宿者というのは見なれた存在なんだけれど「なぜ野宿になったのか」「どんな生活をしているのか」「どういう社会的問題が背景にあるのか」ということについては、ほとんど何も知りません。言葉が悪いけど「**ヨゴレ**のおっちゃんが寝てるわ」くらいにしか思っていない子どもは多いのです。そういうなかで、授業をして事実を伝えると、子どもの反応もまったくちがってきます。ぼくの授業の場合も、たいてい何人かの生徒が「夜まわりに行きたい」といって、夜まわりに来てくれます。学校での野宿問題の授業は、本当に大きな意味があると思います。

ヨゴレ
釜ヶ崎の警察官が無線連絡などで野宿者を４５０（よん・ごー・れい）と呼ぶことに由来。

野宿者は自業自得？　自己責任？

「野宿者がよくいわれるセリフ」というものがあります。

▼公園や駅などの、みんなで使う場所にいるのはめいわくだ。
▼努力が足りなかったのではないか。がんばって仕事して貯金していればこんなことにはならなかったのではないか。
▼仕事をしようともしない。働けばよい。
▼福祉とか、こまった人が行くところがあるのではないか。
▼実家に帰ればいいんじゃないか。

これ、本当によく聞くセリフです。ぼくも何度も聞きました。

たとえば、最初の「公園や駅などの、みんなで使う場所にいるのはめいわくだ」というの、みなさんはどう思いますか？　ちょっと聞いてみましょうか。

——わたしはそう思う。たまに公園に行くと野宿者がいるので近よりにくいときがある。きたならしいと思ってしまう。

——公園とかは小さい子がいるからビミョーかな。

なるほど。ぼくの考えはこうです。

たしかに、公園や駅にいられると、ほかの人が使いにくくなります。でも「公園や路上などの、みんなで使う場所にいるのはめいわくだ」というのは、たぶん、野宿者自身がいちばん感じていることです。公園が自分のために狭くなったり、道が歩きにくくなったりするのは、本当はよくないなあと思っていると思います。

けれども、おおざっぱにいって、世の中には、路上や公園みたいなみんなが使う「公有地」か、個人や団体のための「私有地」しかありません。

公園や駅みたいな「公有地」にいるとめいわくだからといって、「公有地」でない「私有地」で生活しようとすると、今度は「不法侵入」かなんかで訴えられてしまいます。つまり、野宿者に「みんなで使う場所にいるのはめいわくだ」というのは、「消えてなくなれ」といっているのと同じなんです。

一方、**阪神・淡路大震災**や**東日本大震災**のときそうでしたが、災害にあった人たちは、とりあえず学校や公民館や公園みたいな「公有地」で被災生活を送っていました。そのとき、「なんであの人たちは、みんなが使う場所で生活しているんだ」といって被災者を責める人はいませんでした。それはそうですよね。こういう「公有地」が、災害や天災に対する緊急の避難所として使われるのは当然だからです。つまり「みんなの使う場所」は、「みんな」のなかでもとくにいま「こまっている人」が使えばいいんじゃないか、という考え方もあるわけです。では、地震などの「天災」ではない、失業という「人災」被災者についてはどうでしょうか。

もちろん、野宿者は公園や駅で寝てるのがいちばんいい、という意味ではありません。低家賃の住宅、生活保護、仕事の保障などが行なわれるべきだと思います。しかし、そうした対策が少ないために、多くの人が「公園や駅」などで寝るしかない、という現実があるのです。

▼努力が足りなかったのではないか。がんばって仕事して貯金していればこんなことにはならなかったのではないか。

▼仕事をしようともしない。働けばよい。

　については、どう思います？

――バイトくらいしたらいいと思う。

阪神・淡路大震災
１９９５年１月17日午前５時46分、兵庫県を中心として阪神地方に甚大な被害を与えたマグニチュード７・３の巨大地震災害。死者６４３４人、行方不明者３人、負傷者４万人以上、家屋の全半壊24万軒（世帯としては約44万世帯）にのぼり、避難人数はピーク時で31万人をこえた。

東日本大震災
２０１１年３月11日14時46分頃に発生した日本の三陸沖を震源とするマグニチュード９・０の大地震（東北地方太平洋沖地震）と、それに伴う津波による大震災のこと。この地震に伴う大津波によって岩手県、宮城県、福島県、茨城県、千葉県など三陸沿岸から関東地方沿岸の集落では壊滅的な被害が発生。死者・行方不明者は１万８０００人をこえ、福島・宮城・岩手３県の避難者は31万人以上（２０１３年３月現在）。戦後最悪の災害となった。

——テレビとかでも、一生懸命仕事をさがしていた人を見たことがあるから、努力してない人ばかりだとは思わない。

この「努力が足りなかったのではないか」「仕事をしようともしない」は、「野宿者自業自得論」ともいいます。「野宿者自己責任論」ともいいます。要するに、「野宿になるのはそいつが悪いからだ」「その証拠に、たしかに失業は増えてるけど、ほとんどの人は野宿にならずに生活できてるじゃないか」というわけです。

ぼくは、長いこと野宿者とかかわっているので、それを聞くと「あ、それはちがう」と経験からすぐピンと来ます。ただ、それを野宿の問題にあまりかかわっていない人に説明しようとすると、意外にむずかしいんです。

それで、説明の仕方を考えてみました。たとえば、ここで「いす取りゲーム」を考えてみよう、と。

いす取りゲーム

野宿＝貧困になるのは自業自得？

「いす取りゲーム」を考えてみよう。いすを取れなかった人は「自分の努力が足りなかった。自業自得だ」と思うかもしれない。けれども、いすの数が人数より少ないかぎり、何をどうしたってだれかがいすからあぶれる。かりにその人がうんと努力すれば、今度はほかのだれかのいすがなくなってしまう。すべての人がいまの１万倍努力したとしても、ふたりがいすを取れないことには全然変わりがない。
つまり、問題は個人の努力ではなくて、いすと人間の数の問題、構造的な問題なのだ。
この場合、いすとは「仕事（あるいは正規雇用）」。仕事がなくなれば、収入がなくなり、いずれは家賃も払えなくなり、最後には野宿になるだろう。

いす取りゲームから考える

図のようにいすが３つあって、そのまわりに５人の参加者がいるとします。そして、音楽が鳴(な)ってる間はいすのまわりを歩いて、音楽が止まるとパッと座ります。この場合、いすの数が３で人間の数が５だから、３人が座ってふたりがいすからあぶれます。

たとえば、Aさんがいすを取ったとします。そのときAさんは「わたしは人よりがんばった。だからいすが取れたんだ」と思うかもしれません。そして、こちらのBさんはいすが取れなかったとすると、Bさんは「努力が足りなかった。だから自分の責任だ」と思うかもしれません。

そして、次のゲームがはじまり、今度はAさんがいすからあぶれたとします。そのときAさんは、「今度は失敗した。前とくらべて努力が足りなかった。だからいすを取れなかったんだ」と思うかもしれません。一方、Bさんが今度はいすを取れたとすると「今度はうまくやった。人より努力したからいすが取れたんだ」と思うかもしれません。

何がいいたいとかいうと、この場合、いすとは「仕事」のことなんです。仕事がなくなれば、収入がなくなり、いずれは家賃が払えなくなり最後には野宿になっちゃう、これは多くの人にとっては当然の話です。

さて、こうして次つぎと「いす取りゲーム」をしていきます。そのとき、かりにゲーム

の参加者全員がいまの100倍努力したとしたらどうなるでしょうか。その場合も、3人しかいすに座れないことに変わりありません。では、全員がいまの百万倍、あるいは一億倍がんばっていすのまわりを走りまわったとしたらどうでしょうか。もちろん、全然変わりありません。だれかがいすを取れば、そのぶんだれかがいすから落ちるだけだからです。つまり、いすを取れるかどうかは「個人の努力の問題」ではまったくなくて、いすの数と人間の数の問題、つまり「構造的な問題」なのです。

日本の失業率や非正規雇用の率はどんどん増えてきました。それは、人間に対していすの数がどんどん減ってきた状態です。人間が5人なのに、いすの数が4つから3つになったら、いすに座れない人はぜったいにひとり増えます。こういうふうにして、いす＝仕事からあぶれ、野宿になる人が増えました。べつに「努力の足りない人」が、日本で突然増えてきたわけではありません。

ま、これはぼくの考え方で、ちがう考えをする人もいると思います。だから、みなさんも自分なりに、どうなのか考えてみてください。

野宿にいたる構造「カフカの階段」

もうひとつ図を使って「なんで野宿者が増えるのか」を説明したいと思います。ぼくはこの図（55ページ参照）を「**カフカの階段**」とよんでいます。

カフカの階段
作家フランツ・カフカが1919年に父にあてて書いた手紙『父への手紙』の以下の部分より命名。
「たとえてみると、ここに2人の男がいて、一人は低い階段を5段ゆっくり昇っていくのに、別の男は1段だけ、しかし少なくとも彼自身にとっては先の5段を合わせたのと同じ高さを、一気によじあがろうとしているようなものです。先の男は、その5段ばかりか、さらに100段、1000段と着実に昇りつめていくでしょう。そして振幅の大きい、きわめて多難な人生を実現することでしょう。しかしその間に昇った階段の一つ一つは、彼にとってはたいしたことではない。ところがもう一人の男にとっては、あの1段は、険しい、全力を尽くしても登り切ることのできない階段であり、それを乗り越えられないことはもちろん、そもそもそれに取りつくことさえ不可能なのです。意義の度合いがまるで違うのです。」

これ、イメージはわかりますね。つまり、野宿になるときって、だれでもある日いきなりなるんじゃなくて、「段階（だんかい）」を1段ずつ落ちてだんだんと野宿になるんです。そして、そこからもとの「仕事をして家もある状態」に戻ろうとすると、4段分の階段が右側のように1枚の「壁（かべ）」になっているので、上がることも取っつくこともできない、というわけです。もといた場所に戻ろうとしても、今度はいろんな条件を一気にクリアしないといけないので、なかなか上がることができません。その結果、野宿してる人がどんどん増えていきます。

では、この階段のところにあるカッコに入るものは何でしょうか。どういうきっかけで人は野宿になっていくと思う？

——ギャンブル？

ああ、ギャンブルね。そういう人もいます。でも、それって一般的じゃないよね。

——失業？

そう、これがもっとも多いです。「失業」。「いす取りゲーム」でいえばいすから落ちた状態です。いま、日本では**750万人ぐらいが失業者**ですから、ここのとこに750万人落っこってることになります。

でも、失業したからってその日から野宿になるわけじゃないよね。それから、また何かの段階があって野宿になっていくよね。

——借金（しゃっきん）した。

750万人が失業者
失業率の調査で仕事がなく求職（きゅうしょく）活動もしていなかった人のうち「仕事につくことを希望している」と答えた人のことを「潜在（せんざい）失業者」といい、いわゆる「失業者」とみなさないため失業率の計算には除外（じょがい）されている。2011年7〜9月の平均潜在的失業者数は469万人で、同時期の完全失業者数277万人を加えると746万人になる。

なるほど。でも、その前にまだ何かあるよ。

――家賃が払えなくなった？

そうそう。まず、仕事がなくなって「貯金がなくなり」、そして「家賃が払えなくなる」のが多いと思います。ほかには？

――病気になった。

そう、これがよくあります。なかには、最初に「病気」になって、そのために「失業」になる人もいるよね。

さっき「借金」というのが出ました。これは、最後のほうに来るんですよ。もっと広くいうと、「頼れる人がいなくなった」ということですけど。

たとえば、明日からもう野宿するしかないとなると、みんな野宿になるのはイヤだから、多くの人は兄弟とか友だちとか知りあいのところに借金に行ってなんとかしようとします。すると、最初は相手も「ああ、大変だねえ」とかいって、お金を貸してくれます。

でも、借金も3回目ぐらいになると、向こうの顔つきもだんだん変わってきて、なんだかんだいってお金を貸してくれなくなります。そりゃそうですよね。ずっと貸してたら、下手(へた)をするとおたがい野宿になっちゃいますから。そして、この「野宿の状態」になります。

さて、こうしていったん野宿になって、そこからもとの生活に戻ろうとすると、今度はいくつかの条件を一気にクリアしないといけないので、どうしても戻れなくなっています。

壁の右側にあるカッコに何が入るか、考えてみてください。自分が野宿しているつもりになって考えたらわかってくるよ。

答えは、

「面接に着ていく服もない。面接に行く交通費もない」

「野宿者だとわかると会社が相手にしてくれない」

「そもそも不景気で仕事がない」

「住所がないとハローワークが相手にしてくれない」

「敷金・礼金がないのでアパートに入れない」

「お金がないので、就職してもひと月先の給料日まで生活できない」

「保証人がいない」

「年齢が高いと、会社が雇ってくれない」などです。

こうした条件をぜんぶクリアしないといけないので、多くの人は野宿を脱することがどうしてもできません。「がんばれがんばれ」といくらせっついても、階段が「壁」になっていて上がることができないのです。

野宿者が「壁」を上がるには？

では、どうすればいいんでしょうか？

ひとつの答えは、「壁」に「段差を入れていく」ことです。つまり、この1段になってるとこに、段差をつけていくと、また1段1段、自力で階段をのぼっていけるじゃないですか。

具体的には、「面接などに着ていく服がない」んだったら、「服を貸しましょう。あとで返してね」

「保証人がいない」んだったら、「保証人になりましょう。信頼するから、がんばってください」

「お金がなくて、給料日まで生活できない」んだったら、「お金を貸しましょう、あとで少しずつ返してね」

「野宿者だと会社が相手にしてくれない」んだったら、野宿者の問題を社会に広く知らしめて、「野宿者になるのは信用できない人間」という偏見は解消して、きちんとひとりひとりのことを見ていくようにしよう、と。

ある意味では、ぼくたちのような支援者は、この「段差づくり」をやってるんです。こうした支援なしに「がんばれがんばれ」といくら野宿者のお尻をたたいても、個人の努力でなんとかなる問題ではないからです。でも、段差ができれば、「がんばろうかな」という気力が出てくるんじゃないかと思います。

ところで、この図（55ページ参照）のなかに、階段の上で「ところで、ここでは何をやっているのかな?」とあります。ここでは、何をやってるんでしょう? ふつうの答えは、「仕事と家のある生活」ですが、ちょっとひねった答えがあります。

答えは、「いす取りゲーム」をやっている、というものです。

つまり、この階段から最初に落ちたところは「失業」だから、いすから落ちた状態じゃないですか。だから、「仕事と家のあるもとの生活」に戻ったところは、もう一度「いすを取った」状態です。しかし、だれかがいすを取ったということは、だれかがいすから落ちているんじゃないでしょうか。

もちろん、現実にはだれかがひとり仕事を取ったらすぐひとり失業する、ということはありません。でも、いまの750万人の失業者が全員仕事につけるかといえば、まったく無理です。その意味で「いす取りゲーム」が前提(ぜんてい)にあるんです。

――でも、階段を上がってもまたいす取りゲームになるんだったら意味ないじゃない。

本当にそうで、ひとり階段を上がればそのかわりにひとりが落ちる、失業するとしたら、こうやって段差をつくっても本質的な解決にならないのかもしれません。では、どうすればいいんでしょうか。

「いす取りゲーム」の解決策

「いす取りゲーム」を前提とするかぎり、解決策はぜったいに3つしかありません。

「いすを増やす」「人を減らす」「いすを分けあう」の3つです。単純に考えれば、「いすを増やす」「いすを分けあう」しか方法はありません。

「いすを増やす」とは、具体的には「仕事を増やすこと」です。ひとつは、行政が野宿者を雇って仕事をしてもらう「公的就労」です。

たとえば大阪府と市が共同で実施している**清掃の仕事**がそのひとつです。ふつうの会社はやらないけど、社会の役に立つリサイクルや清掃の仕事を行政が野宿者に出して働いてもらえば、社会の役にも立つし、野宿者も助かるし、いいお金の使い方だと思います。

「いすを増やす」方法として、ほかには「**ビッグイシュー**」があります。ビッグイシューって、みなさん知ってます？　あれは1部350円を売ると180円が販売員の利益になります。このような、社会にとって役立つ会社を作ることを「社会的起業」、ソーシャル・ベンチャーといいます。ビッグイシューの販売は、年齢に関係なくできますよね。

「いすを分けあう」のは、ちょうど電車のいすをつめて座る感じです。具体的にいうと、仕事を分けあう「ワークシェアリング」といいます。極端にいえば、会社で働いている人は、働きすぎで過労死したり、育児や家事が全然できなかったりします。一方、仕事がないというだけの理由で貧困になったり野宿になる人がいっぱいいます。仕事を分けあえばちょうどいいんじゃないか、という考え方が当然出てきます。

ワークシェアリングで成功した例として、オランダがあります。オランダは1980年

清掃の仕事
1994年からはじまった大阪府および大阪市の高齢者特別清掃事業のこと。釜ヶ崎の55歳以上の日雇い労働者を雇用して、大阪市内および府下の施設や道路などの除草・清掃や、保育所の遊具のペンキぬりなどの作業を実施。野宿を余儀なくされる高齢労働者に、働いて収入をえられる就労機会の提供を行なっている。

ビッグイシュー
野宿者の自立支援を目的にした民間企業の雑誌で、1991年にロンドンで生まれ、日本では2003年に創刊。駅の近くなどで野宿者が1冊350円で販売。180円が販売者の収入になる。最初の10冊は無料で提供され、その売上げを元手に、以降は1冊170円で仕入れていく仕組。
↓188ページ参照

代にひどい不況になって、そのとき政府と労働者と経営者が話しあいのすえに徹底的なワークシェアリングを実行しました。その結果、いまのところ成功で、失業者がものすごく減って、経済状態もアメリカよりも調子がいいといわれています。もちろんワークシェアリングが１００％いいかどうかはわかりませんが、いまの日本よりは希望のもてる方法だとは思います。

野宿問題を解決する最大の糸口

さて、そろそろおわりになりました。

ひとついっておきたいんですが、みなさんのなかには、野宿している人とかかわって不愉快な思いをした人もいるかもしれません。追っかけられるとか、イヤなことをいわれたとか。なにしろ2万人ぐらい野宿者はいるので、なかにはいわゆる「いい人」も「悪い人」もいるわけです。たとえば、「ホームレスは何をし出すかわからない」とかいう人がいます。でも、みなさんも「いまどきの中学生、高校生は何をし出すかわからない」とかいわれたら「何いってんだ、コイツ」と思うでしょ。あれと同じです。野宿者だからといって「いっしょくた」に見ないことだと思います。

みなさんが将来、野宿者になるかどうか、これはわかりません。なるかもしれないし、ならないかもしれない。ただ、自分の家の近所に野宿者が住むというのはよくあります。そ

のとき、町内会とかで「公園から『ホームレス』を追いだそう」と決めることもよくあります。でも、考えてみれば、公園を追いだされる野宿者は行くとこがない以上、べつの公園に行くだけだから、まったく何の解決にもなりません。追いだされて引っこしする野宿者がしんどいだけです。では、どうすればいいのか、ということをみんなが考えないといけない世の中になっているのです。

　野宿問題を解決する最大の糸口（いとぐち）のひとつは、野宿している人たちのことを多くの人が知ることです。そのためにいちばんいいのは、夜まわりなどに参加して、野宿者と言葉をかわしてみることです。夜まわりに参加した多くの人は、その感想で「いままでもっていた野宿者のイメージと、じっさいに話した印象は全然ちがった」といいます。多くの人は、野宿している人たちがあまりに「ふつうの人」「ふつうのおじさん」であることにおどろいています。野宿者を「ひとりの人間」として実感できたとき「こういう人たちが路上で生活せざるをえないこの社会とは何なのか」ということが、あらためて疑問（ぎもん）として起こってきます。野宿問題の解決は、こうした出会いからはじまっていくのだと思います。

　たぶん、夜まわりに行って野宿者と話してみると、みなさんも「野宿者についてもっていたイメージとじっさいに話した印象はまったくちがった」と感じると思います。

　それでは、話を聞いてもらって、ありがとうございました。

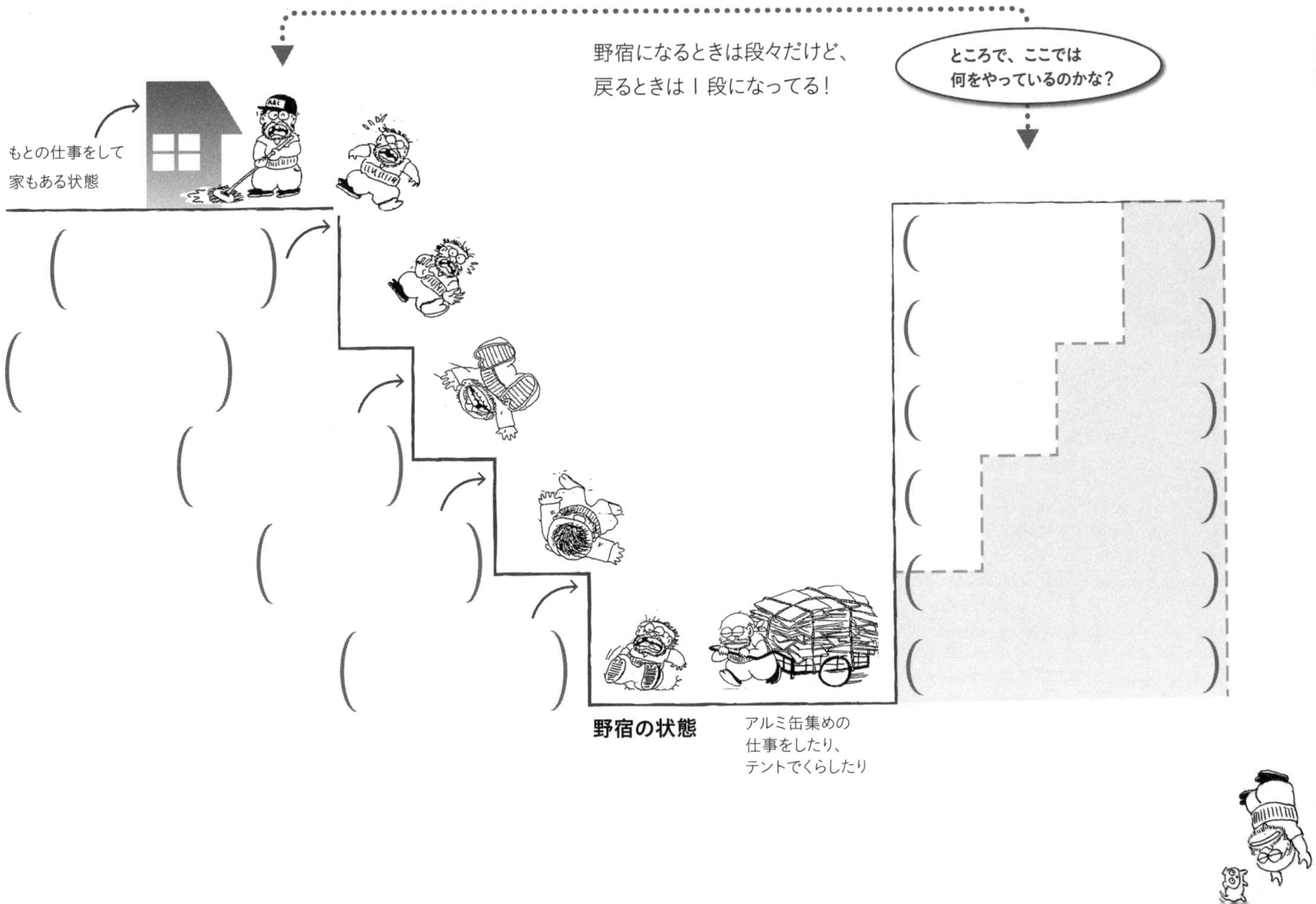
野宿になるときは段々だけど、
戻るときは１段になってる！
ところで、ここでは
何をやっているのかな？
もとの仕事をして
家もある状態
野宿の状態
アルミ缶集めの
仕事をしたり、
テントでくらしたり

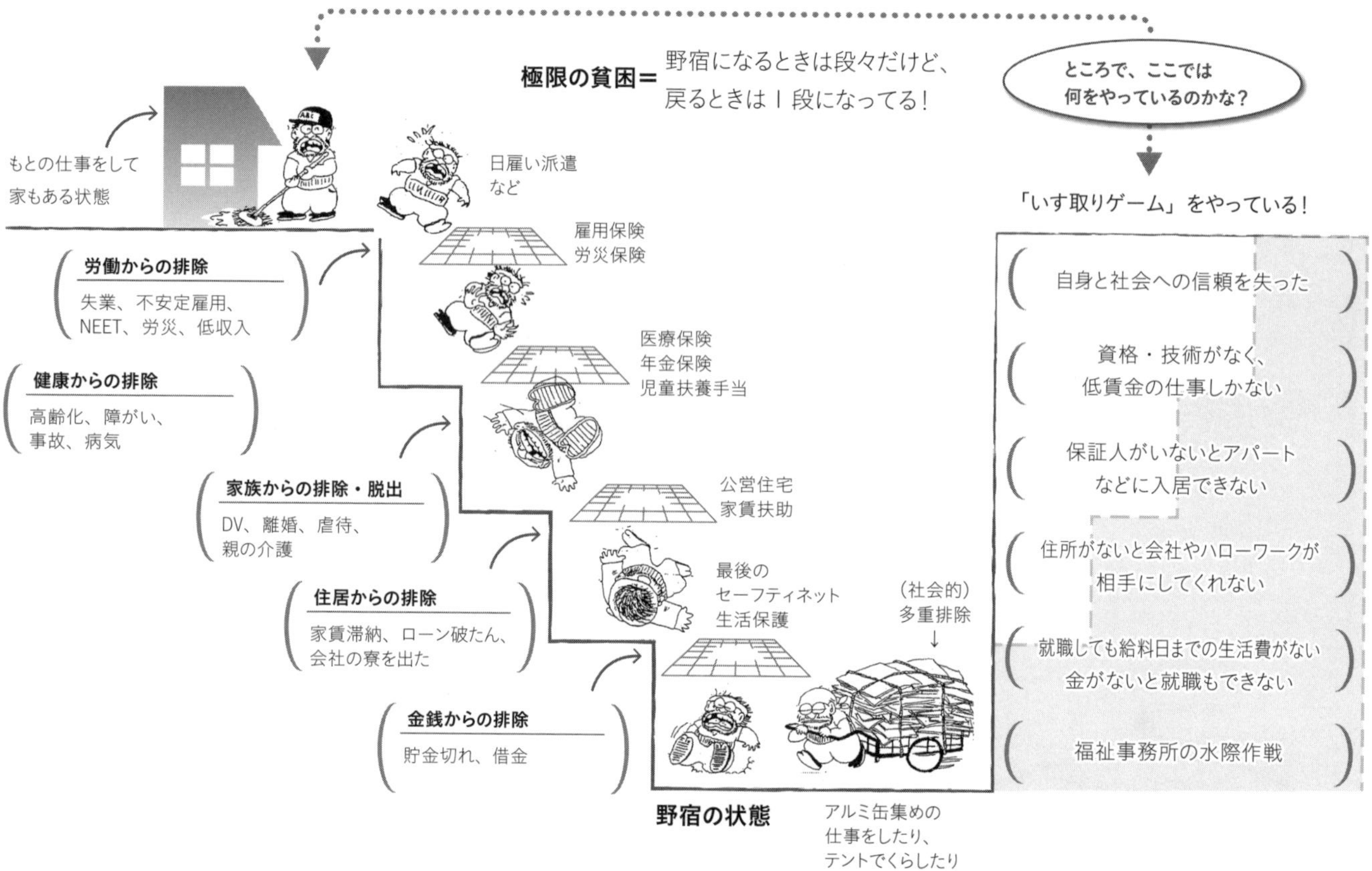

極限の貧困＝野宿になるときは段々だけど、戻るときは１段になってる！
ところで、ここでは何をやっているのかな？
「いす取りゲーム」をやっている！
自身と社会への信頼を失った
資格・技術がなく、低賃金の仕事しかない
保証人がいないとアパートなどに入居できない
住所がないと会社やハローワークが相手にしてくれない
就職しても給料日までの生活費がない
金がないと就職もできない
福祉事務所の水際作戦
もとの仕事をして家もある状態
労働からの排除
失業、不安定雇用、NEET、労災、低収入
健康からの排除
高齢化、障がい、事故、病気
家族からの排除・脱出
DV、離婚、虐待、親の介護
住居からの排除
家賃滞納、ローン破たん、会社の寮を出た
金銭からの排除
貯金切れ、借金
日雇い派遣など
雇用保険
労災保険
医療保険
年金保険
児童扶養手当
公営住宅
家賃扶助
最後のセーフティネット
生活保護
（社会的）多重排除
野宿の状態
アルミ缶集めの仕事をしたり、テントでくらしたり

教職員へ

「ホームレス」襲撃は、路上の「いじめ」

北村 年子 きたむら としこ
ホームレス問題の授業づくり全国ネット（ＨＣネット）代表理事
フリージャーナリスト

子どものいじめ・自死をなくしたい

こんにちは。北村年子です。今日は、とてもうれしく思っています。

わたしがホームレス問題にかかわるようになったのは、もう20年以上前、１９９０年からでした。当時、学校でこうした野宿者の問題を、人権課題として取りくむということは、夢にも思えない遠い話でした。

それから10年、20年たって、数年前に**リーマン・ショック**が起こり……だれにでもホームレス状態になる可能性があるということを、教育現場でもリアリティーのある問題として、少しずつあつかわれるようになりました。

なぜ、ホームレス問題の授業が必要なのか。何より、子どもたちが無知や偏見から「ホームレス」の人たちを差別し攻撃するような悲劇をなくすためだということ。つまり、子どもたちをこれ以上、襲撃犯罪の加害者にさせてはならない、もう二度と野宿の人たちを傷つけ殺させてはならない、そのために学校で何ができるのか、ということをいっしょに考えていただきたいんですね。

わたしはこの問題にかかわる前から、いじめ問題にかかわってきました。１９８６年に東京・中野区で、鹿川裕史くんという中学2年生の男の子が「このままじゃ、『生きジゴク』になっちゃうよ」と、遺書を残して自死するという、「いじめ自殺」事件が起こりました。3月生まれだった鹿川くんは、お誕生日の前月の2月1日、まだ13歳で東北の盛岡まで家出して、駅ビルのトイレでロープで首をつって亡くなったんです。今日はお見うけすると若い先生方が多いんですけれども、わたしは当時23歳で鹿川くんとはちょうど10歳ちがいでした。わたしより10歳若い、13、14の子どもが、なんで死ななくてはいけないのか、学校に行かなきゃ死なずにすんだかもしれない問題、いじめを苦に、自殺してしまったのか。

この事件を知ったとき、わたしは非常にショックを受けました。そして、少女雑誌の仕事で取材に入り、鹿川くんの同級生の話をたくさん聞いたんです。

彼らは、鹿川くんの死を、悲しみ悼む前に、猛烈に怒っていました。その怒りは、いじめていた子どもたちへ、ではなく、まわりの大人たち、教師、親、マスコミ、大人社会そのものへ、激しく向けられていました。

「シシが死んでも、結局、先生はただ、『もういじめをなくしましょう』って作文書かせて、毎朝、校門に立って『おはよう』運動はじめて、『いじめのことはだれにもぜったいに話すな』って、口止めして。わたしはもっと、ちゃんと、みんなで話しあいたかった。先生にも話してほしかった。シシはなぜ死ななくちゃいけなかったのか。生きるって何？　死ぬって何？　何も話すな、じゃなくて、自分の思ってることをちゃんと話せって、先生にいってほしかった」。泣きながらそういった同級生もいました。

いまでも忘れられないのが、鹿川くんをかわいがっていた1学年上の、当時中3の女の子にいわれた

リーマン・ショック　2008年9月15日に、アメリカの投資銀行であるリーマン・ブラザーズが破綻したことが引き金となり起こった世界的金融危機（世界同時不況）。リーマン・クライシス、リーマン不況ともいう。それにつづく金融危機や不況などもふくめて意味する表現としてよく使われる。

ことです。

「毎日、テレビカメラや記者がいっぱい来て、『いじめはないの?』『いじめの話を教えてくれたらおこづかいあげるよ』『○○(タレント)のサインもらってあげるよ』とか。ふざけんなって。マスコミもおもしろがってるようにしか思えない。こんな大騒ぎされて、これって、死んだら有名になれる、ヒーローになれるって思う子が出てきてもおかしくないじゃん」

その子は、こうつづけました。

「本当に、子どものいじめや自殺をなくそうと思って報道してるマスコミなんて、ひとつもない。わたしは、大人なんて、ぜったいに信じない」

わたし、そのとき、全身に冷や水をバシャッとあびせられたような気持ちになったんです。そして、誓ったんです。わたしは、子どものいじめと自死を本気でなくそうと思って活動する大人のひとりになろう、と。この少女の言葉を原点に、それからずっと子どもたちのいじめ問題に向きあってきたわけです。

昨年(2011年)、子どもの自殺者数ははじめて1000人をこえ、1029人。**過去最多**になりました。鹿川くんの自死から25年、なくなるどころか増えつづけている。そして、その理由の第一が、学校問題となっています。自殺原因の1位・学業不振。2位・進路に関する悩み。3位・うつ病。4位・就職失敗、最近はこの理由で命を絶つ大学生が問題になっています。さらにおどろくことは、日本では10代、20代の「死因の第一位」が「自殺」になっている。事故より病気より、自殺で若い人がたくさん死んでいく。こんな国は、先進諸国のなかでも日本だけです。

この国は一見、豊かで平和そうなんですが、その水面下で子どもたちにかかっているストレスは、尋常ではないんじゃないか。命を絶つ10代、20代が、なぜこんなに多いのか。そういったことも踏まえながら、今日は、ホームレス問題について考えていただけたらと思います。「なんや、今日は路上生活者の話か」「うちの生徒には関係ないわ」って思われるかもしれませんが、そうではなく。ホームレス問題を、あらゆる人びととの人権問題につながる、意義ある教材としてとらえていただけたらと思っています。

ホームレス問題を学ぶ意義

まず、「ホームレス」というのは、「人」ではありません。これ、最初に押さえておいていただきたい、ホームレス問題の基礎知識です。わたしは小学校や中学校に講演に行くと、まず、子どもたちに「『ホームレス』って知ってる?」って聞きます。「知ってるー」というので聞いていくと、たいてい「仕事のない人」「家がなくて公園で寝てる人」「野宿している人」「路上生活者」という答えが返ってきます。でも、「ホームレス」は本来、人をさす言葉ではありません。日本では「ホームレスが公園にいた」とか「男性のホームレス」とか、「人」として使っていますが、本来は「状態」をさす言葉で、形容詞です。たとえば、「セックスレス」という言葉を例にしても、「セックスレスさん」という人がいるわけじゃない。昔

子どもの自殺者数過去最多　内閣府の２０１２年版「自殺対策白書」によると、子ども（児童、生徒、学生）の自殺者数は２０１１年で１０２９人と、これまで最多とされていた２００８年の９７２人をこえた。

はあったが、いまはない。将来はまたあるかもしれない。○○レスは、「○○がない状態」だということ。つまり、生まれながらにして「ホームレス」という人もいないし、人種もいない。かつては家もあった、仕事もあった、親もいた。みんなと同じように、おうちがあって、お父さん、お母さんのもとに生まれてきた。だけど、人生のなかで、仕事をなくしたり、解雇されたり、病気になったり、事故にあったり、震災にあったり、いろんな不運が重なって、いま家がない状態、いま職がない状態になってしまった。それが「ホームレス」です。

ここで大事なのは、「状態」というのは「変化する」ものだということ。つまり、ホームレスになることもあれば、ホームレスでなくなることもある。そして、わたしにも、あなたにも、だれにでも起こりえる可能性があるということです。

みなさんは人権教育のプロフェッショナルの先生方で、被差別部落の問題、在日外国人の問題、民族問題など、さまざまな人権問題に、教育現場で取りくんでこられました。その土地に生まれた人、生まれもって背おわされた問題、被差別の痛みについて、学習を通じて子どもたちに伝えてこられました。なのに、なぜホームレス問題だけが、いままで教育現場でタブーであったのか。そこには「あの人たちは、努力して、がんばらなかったから」という、自業自得論、自己責任論が根強くありました。

わたしは、この「**ガンバリズム**」と「自己責任」論が、日本の子どもたち若者たちの自殺問題に直結している、と感じています。期待どおりの進路にすすめない自分、就職できない自分を、それほど責めて抹殺するほどの意識。いじめられても死ぬほど苦しくても学校に通いつづけ、生きるためなら逃げてもいい、不登校になってもいい、と思えない。「やらなくちゃ、がんばらなくちゃ、勝たなくちゃ。いじめてないか、自分で自分を」。これは10歳の男の子が、書いた詩の言葉です。

まさに、そのなかで、「がんばらなかった人生の落伍者」の象徴のようにあつわれてきた「野宿者」の問題、その人たちの権利・人権について真剣に取りあげ教えるということは、努力し、がんばることこそ大事で価値あるものと教えてきた学校社会、日本社会のなかでは、長い長い間、認められることのないタブーだったわけです。

だけど、ようやく変わってきました。さっきもいったように時代の変化のなかで、それまで一生懸命がんばって、大学を出て、企業に入り、マイホームを買って、ローンを払っていたお父さんが、突然リストラされ、失業した。すぐに次の仕事があると思ったけど、さがしてもさがしてもやっぱりない。こんなはずじゃあなかった、ということが、現実に起こっている。ここで問題になっているのが、中高年の自殺です。この国の、毎年3万人以上もの自殺者。その半数以上が、働きざかりの中高年のお父さんたち。男性が7割。しかも、その命を絶った男性たちの半数以上が職のない状態です。「大の男」が、仕事もない、家もない、という状態がどれほど自分を否定し、また社会からも否定されるか。ものすごいストレスを抱えている状況だということですね。それがそのまま日本の少年たち、子どもたちの状況にも反映しているわけです。

ガンバリズム　努力主義。根性論。「強い精神力をもって努力すれば何事もなしとげられる」とする考え方。

だから、ホームレス問題を学ぶということは、たとえもし、自分が「ホーム」がない状態になっても、仕事や家を失うことだけでなく、受験で失敗したり、愛する人に去られたり、親が死んだり、支えをなくし、つまずくことがあっても、けっして、自分を死ぬほど責めたり否定しなくていい、大丈夫、状態は変化する、きっとまたやり直せる、階段をのぼっていける、という自分の可能性を信じる力、本当の意味での「**自尊感情**」を育てることにつながると、わたしは思っています。

自尊感情というのは、テストで100点取れたからえらいとか、有名大学に入れたから自分はすごいとかいう、他者との比較競争で勝つことでえる優越感ではありません。そんなちっぽけな、高慢な自尊心ではなくて、むしろ、勝てないときにこそ発揮される力、負けても失敗しても、それでも自分を嫌わず、信じて生きていける力です。

そのために必要なことは、まちがいや失敗を許せる、不完全さへの許容量なんです。完ぺき主義であるほど、打たれ弱い。でも一生、負けない人などいない。負けに強い子どもたちを育ててほしい。いままでは勝つことだけを教えられ、ナンバーワンをめざし、競争社会を勝ちぬくことがよしとされてきた。だけど、人間、どんなに努力しても、つまずくこともある。思わぬところで階段を踏みはずすこともある。そのときに、くさらず、自分を否定しきらず、命も絶たず、人も刺さず。仕事をなくそうが、希望の会社に入れなかろうが、それでもぼくには価値がある、それでもわたしにはよいところがあると、いまここの自分を認めて生きていける。そんな本物の自尊感情を、ホームレス問題の学習をとおして、子どもたちに育んでもらいたいと願っています。

「ハウスレス」と「ホームレス」

東日本大震災から1年以上がたちました。私事ですが、福島第一原発から20キロ圏内にある福島県南相馬市の小高地区に、義理の妹家族が住んでいました。妹には当時、中3、中1、小5の息子がいて、3月11日は、ちょうど長男の中学校の卒業式でした。地震のあと、まったく連絡がとれなくなり、テレビニュースの映像で、浜通りの小高の町が、家も、田んぼも、グワーッと大津波にのみこまれるのを見た瞬間、全身がこわばり、ああ、ウチも流された…と思いました。でも、きっとみんな逃げのびて、どこかで生きててくれると信じて、毎日、祈って祈って。3日目に避難先の学校から、長い順番を待って妹が電話してきてくれて「家族全員、無事だ」と聞いたときは、もう号泣しました。

新潟に避難した妹たちのところへ会いに行ったとき、避難所でも子どもたちの前でも、明るく笑って、泣き言ひとつこぼさず、がんばってきた妹が、わたしとふたりきりになってはじめて、「わたし、『ホームレス』になった」といって、ぽろぽろ泣きました。

たしかに、本来の英語の〝homeless〟の意味、世界的な定義でいえば、震災の被災者や原発避難者は、「ホームレス」なんです。天災、人災であろうが、戦災であろうが、安全で安心できる住環境にない状態

自尊感情　自己尊重感、セルフ・エスティームともいう。生まれてから〝いま、ここ〟にいる自分を、あるがままにいつくしみ、価値あるものとして重んじ、大切に思える気持ち。自分という命・存在への「尊厳と感謝の念」。

東日本大震災　↓43ページ参照

は、すべて「ホームレス」となります。屋根があり、壁があり、家屋のなかであっても、いつまた余震がくるかわからない、爆弾がいつ落ちてくるかわからない、不安な状態。津波で家を流された人、家は残っていても放射能汚染で戻れない人、避難所にいる人たち、仮設住宅や借りあげ住宅にいる人、テントぐらしの人、難民キャンプの人。そうした、安心できる住環境が奪われ、人権としての居住権がおびやかされている状態にある人たちは、すべて「ホームレス」としてカウントされます。

さらに、住みこみの労働者、新聞配達所や派遣労働の寮でくらしている人たちも。いま、なぜこんなに若年層ホームレスが多いかというと、**非正規雇用**の**派遣労働者**が多いからです。仕事を失うと同時に住居をなくすという不安定な状態。この場合も、世界的な定義では「ホームレス」としてカウントされます。ネットカフェで寝泊まりしているとか、プチ家出して友だちのところを転々としている若者も「ホームレス」です。

だから、妹がいった「わたし、『ホームレス』になった」というのは事実なんです。でも、わたしはあえて、妹にこういったんですね。

「そうやね、家も、何もかも、ぜんぶなくなって、ハウスレスになったね。でも、本当のホームはなくしてないよ。ホームはあるよ」

ハウスはいわば、身の安全を守ってくれる「家」です。ハードとソフトでいうと、ハード面の支えですね。雨露をしのげる屋根のある家屋だったり、仕事だったり、食べ物だったり。物質的に、衣食住が保障されている状態、生活が安全に保障されていること。だからいま、家をなくしてふるえている人には、まず屋根がいる、毛布がいる、炊きだしがいる、ということで、支援物資もいちばんにこの衣食住を満たしていくものを届けようとします。

でも、「人はパンのみに生きるにあらず」。いくら食べ物を与えられようが、着がえの服をもらおうが、新しい仮設住宅ができたから入れますといってもらおうが、もしも妹が愛する3人の息子を亡くしていたら、生きる気力を失い、絶望していたかもしれない。

ハウスだけで人は生きていけるわけじゃない。家族や仲間、愛する人がいてくれること。英語の「アイムホーム（I'm home）」って「ただいま」という意味ですよね。「ただいま」と帰ってくるホームに、「おかえり」と迎えいれてくれる人がいる。この、自分を受けいれてくれる人がいる、そんな心の支え、生きる拠り所となる居場所が「ホーム」です。

いくら家が残ったとしても、家族がみんな流されて、ひとりぼっちで残されたら、どれだけさみしく不安でしょう。だけど、家もお金も家具も洋服もパソコンもぜんぶ流されたけど、親がいて、きょうだいがいて、みんなで寄りそって眠る体育館の毛布はあったかい。生きてる命とふれあって、体だけでなく心が癒やされます。

大事なことは、この衣食住を満たすだけ、身の安全を守るだけではなく、「おかえり。あなたはあなたのままで、安心してここにいていいよ」と受けいれられる、心の居場所が必要だということ。それは、

非正規雇用 ↓18ページ参照
派遣労働者 ↓9ページ参照

人としての権利、人権が守られている状態ということです。

「安心・自信・自由」が保障されている居場所

わたしは「CAP」という、子どもの暴力防止プログラムを紹介するNPOにかかわってきたんですが、そこでは子どもたちに、権利を3つの単語で教えています。「安心・自信・自由」。まさに、ホームというのは、そこに帰ってくると「安心」できて、自分を認められて「自信」がもてて、泣きたいときは泣ける、つらいときはつらいっていえる、自分らしく「自由」でいられるところ。この「安心・自信・自由」という権利が保障されている居場所が、ホームなんです。

妹は、ハウスは何もかもなくした。大事なものも、飼っていたペットも、吹奏楽部の長男のトランペットも、卓球選手の次男のラケットも、末っ子のランドセルも、自分の晴れ着も、結婚式の写真も、両親の遺影もお位牌も、何もかも本当になくしました。でも、わたしがいったのは「命があってよかった。家族みんな生きててくれてよかった。生きててくれて、ほんとにありがとう。あんたが生きてたら、そこが子どものホームになるんよ。避難所でも、体育館でも、『ただいま』って子どもが帰ってきたときに、『おかえり』ってこたえてくれる人がそこにいてくれれば、あんたがいるところが、世界じゅうどこでもホームになるよ」。妹は、ぽろぽろ泣いていました。

だけど、命もあって、家も流されてないのに、冷暖房完備の部屋もあって、衣食住は満たされ、お父さん、お母さんもいるのに、希望の就職先に入れなかった、進路が決まらない、と悩んで命を絶つ若者がいま、たくさんいるわけです。

　みなさん、いまの子どもたちは「ホームレス」じゃないと思うかもしれないですが、りっぱなハウスはあっても、心の「ホームレス」がたくさんいます。そして、みなさんの学校の地域、この街の路上でも、野宿者に石を投げる子どもたちがあとを絶たない。本来、学校の教室というのは、子どもたちが安心して通える「ホームルーム」のはずなんですね。この街は、本来、子どもたちの生まれ育つふるさと「ホームタウン」です。でもいま、そのホームルームがホームにならずに、ひとりの子をより弱い状態、より排除される状態に追いつめ、いじめる場所になっている。教室のなかに、居場所のないホームレス状態の子どもがいるわけです。

　襲撃する子どもたちを、わたしはこの20年たくさん見てきました。加害少年たちと会って取材した話や、じっさいに逮捕され拘置された子との往復書簡なども、拙著（**『「ホームレス」襲撃事件と子どもたち――いじめの連鎖を断つために』**）に収めていますが。環境はちがっても、どの子たちにも共通するの

CAP　Child Assault Preventionの略。「エンパワメント」「人権意識」「コミュニティ」の3つの理念を柱にした、子どもへの暴力防止・人権教育プログラムのこと。1978年にアメリカで開発・実施され、現在では世界16か国に広がっている。日本では現在、北海道から沖縄まで140以上のグループがあり、ふたつのトレーニングセンターが設立されている。
NPO法人CAPセンター・JAPAN　http://www.cap-j.net/
一般社団法人J-CAPTA　http://j-capta.org/

『「ホームレス」襲撃事件と子どもたち―いじめの連鎖を断つために』
2009年、太郎次郎社エディタスから発行された北村年子の著書。187ページ参照。

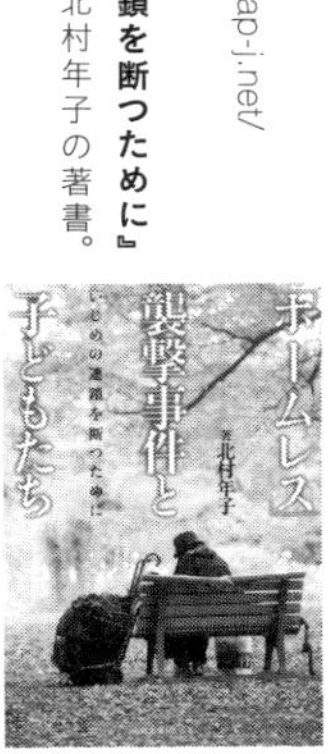

は、心の「ホームレス」だったということです。
いじめの関係のなかで、じつはもっとも自尊感情が低いといえるのは、主犯(しゅはん)となる加害者です。「ホームレス、**ボコろう**。石、投げよう」「あいつ、**ハブろう**。無視(むし)しよう」と、いじめをいいだす子どもです。無抵抗(むていこう)の弱い立場の者を攻撃したり、相手を否定的な暴力的な行為で傷つけようとする。この子どもたちに共通しているのは、自己肯定感(こうていかん)がとぼしく、自信がなく、不安で、ありのままの気持ちを表わせない、「ホーム」なき子どもたちです。

非行(ひこう)もない、勉強もそこそこできる、いわゆる「イイ子」であっても、それは同じです。会社ではエリートのお父さんが、家ではこわくて、成績(せいせき)が下がったり、いうことを聞かないと、暴力をふるう。お母さんは、高いお金出して塾(じゅく)に行かせてるのに、何やってんの、ダメね、と文句(もんく)をいう。成績が下がったら、またお母さんになんて否定されるかわからない不安。お父さんにまたなぐられる不安。そんな子が塾の行き帰りに、「ああ、むしゃくしゃする。なんであいつらホームレスは、働きもしないで、のんびり公園で寝てるんや。ぼくはこんなに毎日、塾だ、勉強だ、受験だって、追いたてられてんのに。ムカつく、腹(はら)立つ、ウザイ。おまえらももっとがんばれよ！」と、野宿している人にあき缶(かん)を投げる、石を投げる。それでも野宿者は抵抗しない。「あ、これはおもしろいな」。ちっちゃかった石ころが、こぶし大になり、さらにブロックになり、そしてエアガンに、火炎瓶(かえんびん)になっていく。

いま、夏休みに入り、これからがピークです。本当は夏休み前に、ぜひみなさんに学校で取りくんでいただきたかったんですけど。夏休み、春休み、冬休み、試験明(しけんあ)け、子どもたちのうっぷんが発散(はっさん)される時期に必ず起こる。資料のなかに**襲撃事件の年表**があります。これは10代、20代の若者が起こした事件のみですが、この30年、毎年毎年、起こっている。２００２年には、中学生の少年たちによって死者が出る事件があいつぎました。高齢者だけでなく、40代の野宿者も襲われ、亡くなっています。同じ年に江東区でも中高生が野宿者に熱湯をかける事件がつづけて起こっています。逮捕された子は「ホームレスを軽蔑していた。世直しと思ってやった」と。墨田区では、２００５年にもまたひとり60代の野宿者が、少年たちに襲われて亡くなっています。それは定時制高校の子たちで、試験がおわった直後の犯行でした。

その後も都内だけで足立区、北区、大田区、江戸川区、千代田区、中央区…と、あげていくとキリがありません。つまり、襲撃をしている子は特別なモンスターではなく、どこの街のどの学校の子でもありえるということです。

教育の責任

学校の人権教育でも、いろんな人権課題があることはわかるんです。高齢者の問題もあるし、障がい者問題もある。だけど、本当に、ぶっちゃけていいますよ。「ホームレス」は毎年、殺されているんです。

ボコろう／ハブろう　ボコる＝ひどくなぐりつけたり、大勢でふくろだたきにするようすを表わす「ボコボコ」の略を動詞化したいい方。ハブる＝仲間はずれにすること。

襲撃事件の年表　↓198ページ参照

子どもたちに。火を放たれ、石を投げられ、鉄材でなぐられて。子どもたちはどんどん歯どめがきかなくなってエスカレートしていく。だれがさせているのか。何年も何十年も、だれが放置し、見すごしてきているのか。

最初に「なんか、おもしろいことないかな。ちょっと、ホームレス、いじめよう」とはじまったときに、子どもがやっていると気づいたときに「それはいかん、ぜったいダメだ」と学校は真剣に止めようとしなかった。きちんと怒って、教えようとしなかった。１９８３年に起こった、「**横浜浮浪者殺傷事件**」の少年たちが証言したとおりです。「ぼくたちは、横浜のゴミをそうじしただけ。大人はしからないと思った」「警察も本気でつかまえないと思った」。この意識が30年ずっと変わってこなかった。大人たちが立ちどまって、「ぜったいにもう、ホームレス襲撃をさせないぞ」と、本気で向きあってこなかったんです。

野宿の人は襲われても、さっきもいったように、身の安全を守る家がない、逃げこめるハウスもない、守ってくれる家族もいない。だから、そのままエアガンでうたれても病院にも行かれない。被害届を出せば、「そんなところで寝てるおまえらが悪い」と、また排除される。だから結局、子どもたちもわかってるんです。「ここならやっても大丈夫」

そこで大人たちが、真剣に取りくんで、人権があること——生きているかぎり、どんな状態の人にも、人として尊重されるべき尊厳と権利があるんだっていうことを、本当に教えていれば、子どもたちが学んでいれば、加害者になることはなかった。それをやってこなかった結果が、83年から毎年毎年、中高生の子どもたちに、野宿者が殺されつづけている、という異常な現実です。
教育の責任です。どんな差別問題でも、こんなことはほかにありません。在日外国人だからって殺されたら、どうなりますか。障がい者だからって、ねらって襲ったらどうなりますか。これはわたしたち、大人が、親が、教師が、スルーし、無関心で見て見ぬふりしてきた結果だと思っています。「ホームレスだから」見すごし、無視してきた。大人たち自身が、いじめの傍観者ではなかったか。そういう意味でも、「ホームレス襲撃」は、まさに「路上のいじめ」そのものなんです。

自分を肯定できないときに、だれかを攻撃する

ご存じのように、いじめは四層構造だといわれています。まず、いじめをする子、加害者がいる。主犯とその仲間のごく少数です。そのまわりに、それを笑っておもしろがっている観客層がいます。そして、もっとも多いのは傍観者です。周辺の大多数は、見て見ぬふりしている傍観者、無関心層です。これは路上でもまったく同じことがいえます。じっさいに石を投げ、襲撃しているのは子どもたちですが、日ごろ、野宿者を蔑視してたり、無関心でスルーしている大多数の社会の意識が、そのいじめの構造を根底で支えている。だから、路上で起こっていることと教室で起こっていることは、まさに直結しているんですね。

横浜浮浪者殺傷事件　↓197ページ参照

そういう意味で、教育現場で、ホームレス問題をもう1回、見直してほしいんです。そして、学校にも家庭にも街にも、子どもたちが安心して自分でいられる「ホーム」がもっと増えれば、いじめの加害者も、被害者も、自尊感情を回復していけるでしょう。

うまくできないときがあっても、まちがえても、「大丈夫、失敗は成功のもと。そこはまちがえたけど、ここができてるやん」。いいとこ見つけてほめてくれるお母さん。試合に勝てなくても「よくやってるな」って応援してくれるお父さん。そんなホームがあれば、夜中にうろうろして、石を投げになんか行かないです。そして、「きみがいてくれてよかった」「今日も学校に来てくれてありがとう」と、認めてくれる先生、仲間、友だち。自分は受けいれられていると感じられる、そんな人とのつながりがあれば、だれかを傷つけたくなるほどの心の汚濁を生みだすことも、爆発させることもありません。

自尊感情が下がって自分を肯定できないとき、自分の価値が感じられないとき、子どもたちは生きるのがつらくなって、だれかを否定して攻撃したくなります。自分のなかにたまった自己否定の気持ちが、心の汚濁となってあふれたときに、まわりを否定する形でぶつけます。

それは子どもたちだけじゃない。私たち大人も、親も、イライラしたら、かわいいはずのわが子に八つ当たりしてしまう。お父さんも会社や仕事でイライラすると、家に帰って妻に手を上げたりするかも

いじめの四層構造

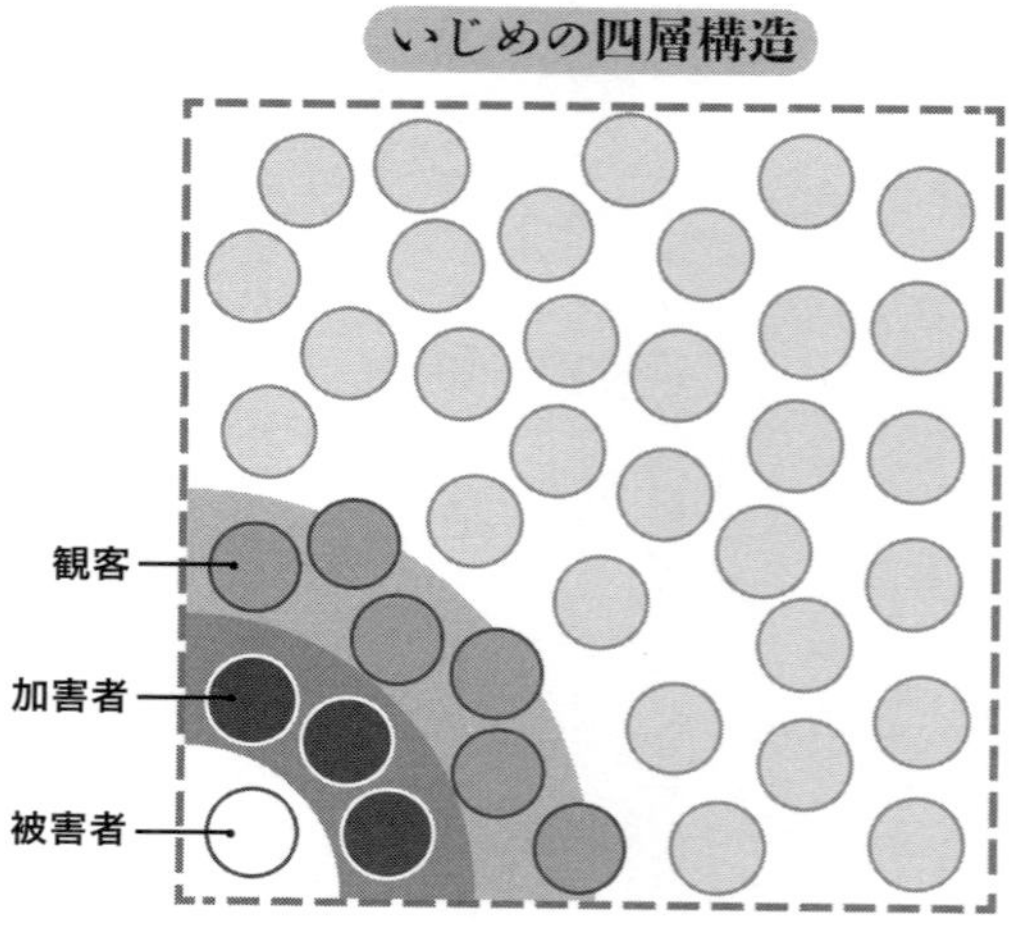

しれない。上の子は下の子をいじめる。それはまた、家族だからあまえて、安心しているから、ストレスをぶつけているのかもしれません。でも親に向かって、クソババア!と反抗できる子は幸いで、むしろ親のほうが、わが子なら許されると思って、一方的な暴言・暴力を省みないで、しつけだ、教育だと思っている。体罰も、虐待も、いじめも同じ、暴力です。

でも、強い者にやり返すこともできない子どもたちが、その不安やつらさを安心して吐きだせる居場所がないかぎり、より弱く、出しやすく、見つからないところに、イラだちをぶつけ、ストレスを発散するようになる。そこなら見のがされる、みんながスルーして介入してこないようなところをねらって吐きだすんです。おそらく無意識でしょう。「ホームレス」を暴行する子たちも、じっくり考えてやっているわけではないと思います。いじめと同じで、空気を読み、まわりから排除されているものを、さらに攻撃する。そういう点でも、子どもたちの野宿者襲撃は社会意識の反映です、まさに。

前段が長くなりましたが、ちょっと現状の厳しい話を前半にさせてもらって、後半は、じゃあ、わたしたちに何ができるか、前向きな話をしたいと思います。このあと**教材DVD『「ホームレス」と出会う子どもたち』**を見ていただいて、先生方にいろんなものを感じていただけたらうれしいです。

みなさんも、きっと毎日、学校でがんばっていらっしゃって、だけど、それもやって当たり前で、だれからもほめられず(笑)。子どもをほめようという前に、先生だってもっとほめられ、認められること

教材DVD『「ホームレス」と出会う子どもたち』↓215ページ参照

が大切だと思います。今日もこんなに暑いなか、人権担当とはいえ、ほんまによう来てくださいました。

ありがとうございます。今日は、来てよかったなって、ちょっとでも思ってもらえますように。

では、DVDを見おわったあと、みなさんのご感想を楽しみにしております。


教材DVD『「ホームレス」と出会う子どもたち』本編30分 上映

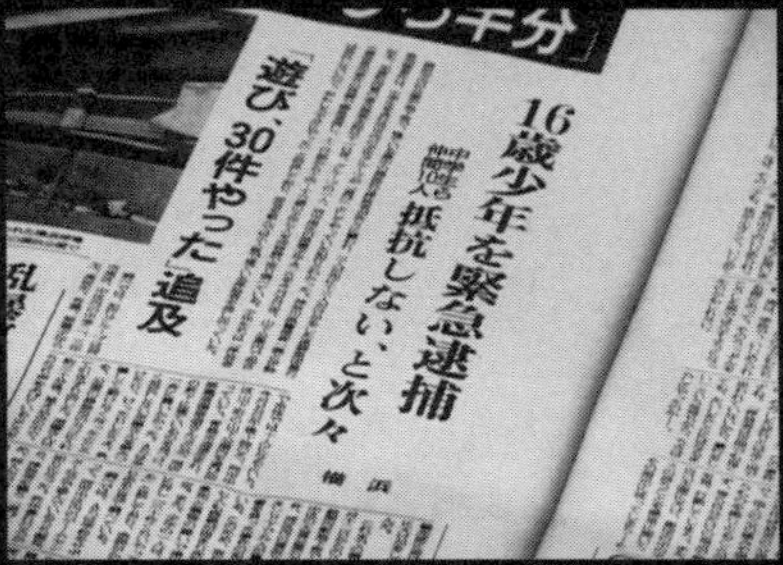
16歳少年を緊急逮捕
抵抗しない、と次々
「遊び、30件やった」追及

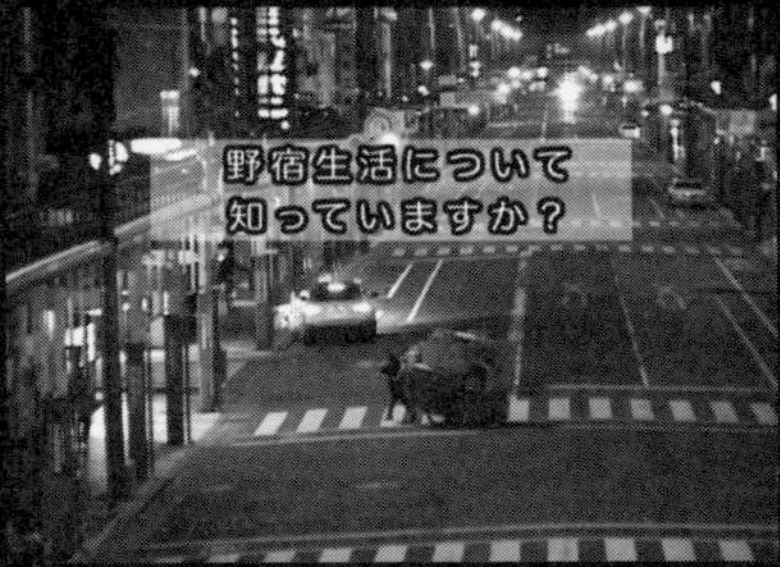
野宿生活について
知っていますか？

打てば響く子どもたち

お疲れさまでした。いかがだったでしょうか。みなさん、非常に熱心に見てくださってうれしいです。今日は、幼稚園、小学校、中学校、養護学校の先生方が来てくださってるということなんですが、どなたか感想をちょっと聞かせていただけませんか。

――中学の教員です。以前にいた中学校で、川の近くなんですけれども、じっさいに教えている子５、６人が、川の近くに住んでるホームレスの方に石を投げて、警察につかまるという経験をしています。やはりふだんからとても心配で、なんでそういう行動を起こすのかって生徒に聞くと、やっぱり「ゴミだ」とか、「あいつらは、何もしてない。人間として生きてる価値がない。おれらは多少は生きてる価値がある。あいつらはどうでもいいんだ」っていう、お話と同じような言葉が返ってきたので、ＤＶＤを見て、あ、やっぱり、襲撃する子の気持ちって同じなんだなと。

一方では、家庭で抱えているストレスとかの問題が子どもたちにはやっぱりあって。そこのところを教員がほぐしていかなければ、かかわっていかなければならない課題なんだなと思いました。わたしたちもこうやって外から刺激を受けて、研修をしていくことは、やっぱりプラスになるなって、また、今日、意識しました。

「ホームレス」の人は、駅とかにいっぱいいますし、川のほうにもいますし。やっぱり小さいときからそういうのをじっさいに見てますから。子どもたちにも、いろんな生活をしている人がいるんだよっていうことを、わたしも教えてはいるんですけれど。また、いろいろ指導していかなきゃいけないなと、このDVDを見て考えました。ありがとうございました。

ありがとうございます。貴重なお話を聞かせていただきました。

わたしたち大人は「人を見かけで判断してはいけません」って表面ではいうんですけど、この教材DVDを見て、子どもたちの感想でいつも何がいちばん多いかというと、ホームレスの人に対して、まず「いままでお母さんから、『見ちゃダメ、近よっちゃダメ、目を合わせちゃダメ』といわれてきた」。とくに女の子たち。つまり、野宿者は、危険でこわい、何をするかわからない。だから「かかわるな」と教えられている。男子に多いのが「ちゃんと勉強して、がんばらないと、ああなるんだぞ」と、親やまわりの大人にいわれている。テレビで炊きだしの映像を見ながら、お父さんが「あいつらは努力しないで、なまけてきたから、イイ大学にもいけなくて、仕事もなくて、あんなくらしになるんだ」っていっていた、と。塾の先生も「こんな簡単な計算問題もできないんじゃ、将来、公園で寝るようなホームレスになっちゃうよ」といっていたとか。本当に大人たちは、そんなふうに教えているのかと、現実を思いしらされて、愕然としました。

「ぼくたちは、ゴミをそうじしただけ」「あいつらには価値がない」と子どもたちがいうのは、やっぱり大人の意識の反映なんだということを、あらためて実感させられた次第です。

でも、このＤＶＤを見て、ホームレス問題の授業をとおして、じっさいに野宿者の生活について学んだり、考えあったりしていくなかで、子どもたちの意識が大きく変わっていくこと、それは予想以上でした。その後、炊きだしや夜まわりに参加する中高生が出てきたり、野宿者の**鈴木さん**へ小学生たちが励ましの手紙を書いたり、高校で衣類を集めて釜ヶ崎へ送る子たちがいたり、わたし自身もびっくりしました。子どもたちはやっぱり、打てば響く、と確信しています。

中学3年　社会科の授業例

２００９年に、このＤＶＤを制作して、すでに約３０００本が学校はじめ教育現場で活用されています。日本各地からいろんな授業実践の報告や感想文をいただいているんですが、今日はみなさんに身近な、都内の区立中学での実践例を持ってきました。ごらんください。

まず、**資料Ａ－１**『「ホームレスの人々」の授業について』。これは、中学校・社会科の女性の先生が実施された授業の一例です。

これは東京都内の私立高校での「ホームレス」問題の授業風景。講師は、路上生活経験者・ユウさん。

もちろん、先生たちそれぞれのオリジナルで、いろいろなやり方があると思いますが。この教材DVDにはガイドブックがついていて、そのなかにモデル学習指導案として、**中学校の指導案**をひとつ紹介してます。その指導案を参考に、「たった1回の授業で、これだけの成果がありました！」と授業の報告を送ってきてくださったものです。なお、今日の資料はすべてご承諾をえているものです。また当時の生徒たちはすでに卒業しています。

で、資料Ａ―１。この社会科の授業は２０１０年、中学3年生への取りくみです。「4．授業を行うに当たって」のなかで「千代田区でホームレスの人を襲撃した事件の新聞記事と区教委からの『ホームレスに関する授業をするように』との通知が管理職から配られ、一層授業を行う必要性を感じた」とあります。この**千代田区の襲撃事件**というのは、公園で寝ていた野宿者の男性に中学3年生の男子が熱湯をかけてやけどさせたというもので、２０１０年9月に起こっています。熱湯をかけた子はひとりでしたが、近くに同級生たちが何人もいて、見ていた子もいたけれど、だれも本気で止めようとしなかった。

事件後すぐに、わたしたちは区教委と当該中学校と話しあい、当該生徒の学年の3年生全員に授業をさせていただきました。まず学年全体で、教材ＤＶＤを鑑賞してわたしの講演を聞いてもらい、そのあ

鈴木さん　教材ＤＶＤ『「ホームレス」と出会う子どもたち』に登場する鈴木安造さんのこと。

資料Ａ―１『「ホームレスの人々」の授業について』　↓１１９ページ参照

中学校の指導案　現在、特別支援学級教員である清野賢司さんが作成。以前、板橋区の区立中学校で社会科を担当していたとき、じっさいに子どもたちに教えるためにみずから考え、実践した授業案。清野さんはのちにＮＰＯ法人ＴＥＮＯＨＡＳＩ（１８９ページ参照）の事務局長に就任。

千代田区の襲撃事件　↓１９１ページ参照

と3年生5クラスの各教室に、わたしたち「ホームレス問題の授業づくり全国ネット」の講師とホームレス当事者のゲスト講師の2名ずつが入り、総勢10名で授業をしました。じっさいにホームレスの方の話を生で聞いてもらうのが、子どもたちにはいちばん響きます。学校としてもここまで理解し協力して取りくんでいただけたのは、画期的なことでした。

千代田区の襲撃事件をうけて、この先生は他区の学校でしたが、うちの生徒たちだってやりかねないと、強い危機感をもっておられたんだと思います。

次に「授業内容」があります。2時間つづきのたった1回の授業なんですけど、さすがプロだなと思いました。**年越し派遣村**から**ビッグイシュー**の話まで、本当によくここまでツッコめたなあと思います。わたしはすぐに脱線してしまうので、とても1回でここまでやれないです。すばらしいです。

次の**資料A-3**『ホームレスの人々に関するアンケート結果』。「1．ホームレスの人に会ったことがありますか」。ひとりが「ない」。そのほかは全員「あります」と答えています。まずほとんどの子が、どこかで会っているということですね。

これは先生が独自に作られた事前アンケートです。生徒たちが「ホームレス」をどう見ているか、どこまで知っているかという質問がずっとつづいています。「6．ホームレスの人に対してどんなイメージがありますか」というところを見てください。「こわそう」「臭い。ベンチとかで見るとちょっと怖い」「汚い」「くさい。かわいそう。こわい」……。やはり「きたない、くさい、こわい」の3Kが多いですね。でも、じっさいに、きたない、くさい、という場合もあるので、それはわかります。夜まわりにもよく先生が生徒さんをつれて来てくださいますが、子どもたちが、「くさっ」とか「きたなーい」っていうと、先生は「ダメでしょ、そんなこといっちゃいけません」ってしからはるんです。もちろん本人の目の前でいったら失礼ですけど、それは事実ですから、「いや、先生。わたしも子どもたちの気持ちはわかります」と。まだ小さい子ほど自由に感じたままをいえますが、大きくなるにつれ、とくに学校のなかでは、子どもたちが感じていることを正直に話す、安心して自由に話すということがなかなかできなくなるんですね。だから、子どもたちには「かまへんよ。あなたが思ったこと、正直に、自分がいま感じていること、教えてくれたらうれしいな」というんです。すると、たいていの子は「やっぱり、くさいもん」「きたないな」って。

それで、わたしは聞くんです。「なんでくさいんやろう？」「なんで、おっちゃん、いまこんなに、体がよごれてはるんかな？」。子どもたちが「おふろに入れないから」といえば、「そうやな。なんでおふろに入れへんのやろう？」「お金がないから。家がないから」。「なるほど。じゃあ、なんで家がなくて、お金がないんやろう？」「なまけてたから」「仕事するのがいやで、働かないから」……。「それ、野宿のおじさんがそういってた？　聞いたことある？」「いや、直接、聞いたわけじゃないけど……」「ほな、それを聞きに行こか」と、つないでいくわけですね。

年越し派遣村　派遣切りや雇い止めなどで職と住居を失った失業者のために一時的に設置された宿泊所。ＮＰＯが主導し、２００８年12月31日から翌年1月5日までの間、東京の日比谷公園に開設された。

ビッグイシュー　↓52ページ参照

資料Ａ－３『ホームレスの人々に関するアンケート結果』　↓１２１ページ参照

いまは、きたない、くさい状態だけど、みんなそうなった理由があるわけです。生まれたときから、路上で寝てる人はいませんから。「だから、なんで野宿しているか、その理由を知ってもらうために、今日、夜まわりするの。きみみたいな正直な子、大好きや。いっしょに行ってくれる?」と。そういう子が夜まわりから帰ってくると、目をかがやかせていたりするわけですね。「ぼくがおにぎりわたしたら、おっちゃん、『ありがとう、おにいちゃん』って手にぎって、泣いてくれた。めっちゃ感激しました」とか。「30年**土方**してきたけど、鉄骨から落ちてけがして使ってもらえない、仕事がほしいっていってた」とか。どんどん学んで吸収していく。

だから、正直に、自分の気持ちを話してくれる子っていうのは、わたしたちにとったら最高の先生なんです。子どもたちが抑圧されないで、思ったままを話しあえる、そんな雰囲気のホームルームのなかで授業が展開できると、よりいいですね。このクラスの子たちも、かなり正直に書いてくれています。これは先生がまとめられたものですが、授業で配られたアンケートは匿名ではなくて記名式なのに率直に書いてくれていますね。

大阪・釜ヶ崎の子ども夜まわりにて。「おっちゃん、体の具合どうですか?」。野宿の人と目の高さを合わせて話す女の子。
写真／森田剛史

たった1回の授業でも意識が変わる

そして、**資料A－5**『ホームレスの授業の感想のまとめ』。「1．DVDを見た感想を書いて下さい」。その1回の授業の時間内で、そんなにたくさん感想書ける時間もないだろうに、みんなずいぶん書いてくれているんです。この社会科の先生も「いまだかつて、この3年生がここまで熱心(ねっしん)に聞いて見入って、これほど熱心に記入してたのははじめてだった」というぐらい「ものすごく集中してくれた」とおっしゃっていました。

これをぜんぶ読みあげていると長くなるので、あとでお目通しいただきたいんですが、いちばん多いのは「ホームレスに対する印象(いんしょう)が変わった」ということですね。「どんな生活をしてるかっていう現実がやっと分(わ)かった。努力してないわけではないことが分かった」。いろいろな理由や事情(じじょう)があって「仕方(しかた)なくホームレスになって〝しまった〟人」なんだ、ということを書いています。

「2．もしあなたが友だちから『一緒(いっしょ)にホームレスをからかいに行こう』と誘(さそ)われたら、何と答えると思いますか」。ここには「そんな奴(やつ)は友だちではないので、無視します」「やめなさい。やってはだめです」「断(ことわ)る」とかあります。さすがに「行く」と書いた子はいないようですが、「前だったら『ちょっと行ってみる！』とか言ってたかもしれないけど、DVDを見てホームレスへの見方が変わったから、

土方 ↓15ページ参照

資料A－5『ホームレスの授業の感想のまとめ』 ↓123ページ参照

『ホームレスは悪い人じゃないんだよ』と言えると思う」という子もいます。こういう感想を見ると、本当にたった1回でも授業をすることの意味、意義の大きさを痛感します。

この子たちは、かなりはっきり「断る」、ノーという回答をしてくれていますが、おわりのほうに「何か別の話題をだして、しのぐ」というのがあります。こういう形で話を変えて、受けながしてスルーするという返答が、最近めだちます。いまの風潮だなと思うんですけど。きっぱり「いやだ、やらない、やめろ」と止めたり、反対するより、話をかわして避ける。「ごめん、今日は、ちょっと用事があるから」とか「『え、それよりほかの遊びしようぜ』って話をそらす」とか。そういう必死の防御みたいなことを書いている子が、増えてきています。これは、〝いじめの介入〟といっしょですね。悪いことだと思っていても、「やめろ」「やるな」と止められない。いえない子はかかわらないようにする。いまのいじめの傍観者の状態と似ていると思います。

最後の「3．授業についての感想・質問」にもいろいろあります。いちばん上に出ている子は「年越し派遣村に行ったことがあって、ミカンを持っていったら、ミカンだけですごい喜んでくれてびっくりした」と。こんな体験をしている子もいるんですね。2番目もおもしろいですね。「最初は、ホームレスについてなんで2時間もかけてわざわざ授業をやる必要はあるのかなと思っていた」(笑)。「けれど、自分の勝手な差別意識を自分のように少しでも多くなくせるのなら、大切だと思いました」。うれしいことを書いてくれています。

こうしたたった一度の授業でも、こんなに子どもたちの意識が変容していくことを、いろいろな先生方の取りくみで教えていただいています。

中学2年　保健指導の取りくみ

もうひとつ。**資料B－1**を見てください。養護教員の先生が保健の時間を使ってやられた授業です。この先生は、わたしの講演を聞いてくださったんですね。「教員資料」に授業の流れが出ていますが、「いのち・ホームレスについて」ということで、中学2年生の保健指導。こちらはたった1時間ですけど、ここまでやられています。

この先生は「展開・DVD上映30分」のところで、「『ホームレス』という言葉を日本語で言うと？――権利や尊厳が守られない環境にある状態。『状態』は変化する。だから『ホームレス』という『人』がいるのではない。誰でもなる可能性がある」と、きちんと子どもに教えてくださっています。その次に「感想・アンケート用紙」があります。これは、わたしたちの作った教材DVDのガイドブックに載せているものを、使ってくださっています。

そのアンケートの集計データが**資料B－3から6**です。これを見ると一目瞭然なので、ちょっと見てみてください。「④DVDをみて路上生活の人への見方は変わりましたか？」。「変わった」という子が104人。177人中104人が、変わったと答えている。「変わらない」という子が36人。「わからな

資料B－1『教員資料「いのち・ホームレス」について』→126ページ参照

資料B－3から6『中学2年授業「いのち」生徒の感想』→128～131ページ参照

い」が37人。この約2割の「変わらない」という子のなかには、もともと差別していなかったから、べつに変わったとは思わないという子もふくまれています。そういう意味では、多数の子に意識の変容が見られるということが顕著に表われています。たった1回の1時間の授業でも、これだけの変化があるということです。先生もこうしてきちんと集計してデータを取ってくださり本当にすごいな、と頭が下がります。

今日、これらをご紹介したのは、わたしや「ホームレス問題の授業づくり全国ネット」の講師陣がやった授業ではないからです。学校現場で個々の先生が、はじめてこの教材DVDとガイドブックだけを見て、そのまんまやってみましたという実例です。最初の社会科の先生は、定年を迎える最後の年に、はじめてだけどどうしてもやりたかったと。もうおひとりの養護の先生は20代の女性です。ホームレス問題の専門家でなくても支援者でなくても、先生たちみなさんにできるんですよということをお伝えしたくて、自信をもってやっていただきたいと思って、今日は資料をご紹介しました。ぜひ活用していただけたらと思います。

野宿者を訪問した校長

今日はほかにもご報告したかったことがあります。都内でも、いろいろなところで子どもたちが野宿の人に石を投げる事件が起こってるんですが、ある当該中学校で実践された取りくみです。学校名は控えさせていただきますが。先日、そちらの中学校の校長先生と生活指導主任の先生みずからが、じっさいに襲撃を受けた野宿者の方々のもとを訪ね、生徒たちがした行為について率直に詫びられて、じかに野宿者のみなさんのお話を聞いてきてくださったんですね。

「ご感想いかがでしたか」と校長先生にお尋ねしたら、まずいちばんに「非常に心のやさしい人たちだった」と。「『いす、座ったらどうですか』とか『飲み物どうですか』といろいろ心遣いをしてくださった。お話を聞いたら『出稼ぎに来てたけど、仕事をなくした』とか『病気になった』『足が不自由になって働けなくなった』とか。いままで知識として頭ではわかっていたつもりだけど、じっさいにみなさんの生活を目のあたりにして、直接、当事者からお話を聞くと、ああ、そうなのかと。わたし自身が学ばされました」と。

なかでも感動したのは、校長先生が「わたしなんかより人間的にずっといろんな人生の苦労を体験されている。大変な苦労を乗りこえてきた、人生経験豊富なすごい方たちだと感じた」というものでした。まさにそのとおりで。わたしたちは、そういう野宿の人たちを「先輩」ってよぶんです。人生の先輩。

不登校の子どもたちと夜まわりすると、野宿の先輩たちとすごく共鳴するんですね。不登校の問題とホームレス問題、地つづきでつながっています。「ホームレス」の人を差別する社会意識というのは「働けるのに働かない。みんながんばってるのに、がんばってない」。学校に行けない子どもたちも同じように見られている。「みんなが学校に行ってるのに、どうして行かないんだ。がんばってない、弱い、ずるい、逃げてる、なまけてる」

だから、**フリースクール**の子たちと夜まわりへ行くと、スーッとホームレスのおじさんたちに寄りそ

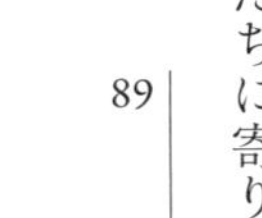

うように心をひらいてる。親にも、カウンセラーにも話せなかったことを、野宿のおじさんには話せたり、路上カウンセリングがはじまることもあるんです。ある子は「おじさんたちは、強い。家もなくて、着のみきのままで、人からじろじろ見られても、ありのままの自分をさらして、生きぬいてる。ぼくがそんなふうになったら、もう1日も耐えられない。きっとビルの屋上から飛びおりて死んでる。おじさんたちは本当に心の強い人たちだな、すごいなって思う」。そういうと、おじさんは「こんななっちゃダメだよー」なんて笑ってたりするんですけど。そんなふうに路上で、安心して話を聞いてもらっている子どもたちなんかもいます。

だから、この校長先生も、その短い時間のなかで、この人はどんなことを体験してきた人なのか、どんな苦労に裏うちされたやさしさ、心遣いなのか、そういうことを感じとってくださったんだなと思うんですね。生活指導主任の先生も「本を読んだり、あるていど勉強したけれど、やっぱり直接お会いして、あらためて学ばされることが非常に多かった」とおっしゃっていました。

先生の実感が子どもたちに響く

その生活指導主任の先生が、その後じっさいに、ホームレス襲撃問題の授業をしてくださったんですね。各学年ごとに、体育館でこの教材DVDを見せて、指導してくださった。DVD上映の前後に先生自身が、野宿者の方々にじっさいに会って聞いてきた話を、生徒たちにしてくださった。

「この前、先生は、野者宿の人たちに会いに行って、生徒たちがしたことをあやまって、いろんなお話を聞かせてもらってきた。こんな生活で、こんな理由があって、こんな人たちだった」と。先生が体験して、実感して、心が動いた、その状態で、子どもたちに話してくださった。これがやっぱりいちばん。わたしたち外の人間が講師にいくより、断然いい。まるでかなわない。いつもそこの生徒たちとかかわっている、現場の先生が自分なりの言葉と思いで伝えてくださる。それが、子どもたちにはいちばんズーンッと入るんですね。

その授業のあとの生徒さんたちの感想文、じっさいに石を投げていた子たち自身の感想も見せていただきましたが、「DVDを見て、自分たちはホームレスの人たちに最低なことをしてしまったと思いました」と、石を投げたことについて反省し、「バカなことをした」「恥ずかしい」と書いている子もいました。そして、ホームレスの人たちも「母親が腹を痛めて産まれてきた人なのだから人にかわりはないと思いました。DVDの中に『もう死んでもいい』という言葉がでてきました。楽な生活をおくってる自分たちにはこのような苦痛はわからないと思います。ホームレスの人たちのなかにこんなことをおもっている人たちがいたんだと思うとなんだか心がいたいです」と、深い感想もありました。ある子は「『〝ホームレス〟と出会う子どもたち』を観て僕は、とても失礼なことをしてしまったと思います。こどもの里の子供たちみたいに優しい心があれば、自分たちはあんなことにはならなかったと思います。ホームレ

フリースクール　学校に自分の居場所がないと感じ、学校を離れた子どもたち、あるいは独自の学びを求める子どもたちのための民間の学習の場・活動の場。学校教育の枠にとらわれない学びの場・居場所として、さまざまなタイプのフリースクールがある。

スの人達は貧しい暮らしの中で自分達はあんなことをしてしまって、とても不ゆかいな気持ちにさせてしまって本当に申し訳ないです」と、書いていました。

表面的な「もう二度と襲撃はしません。暴力はいけないと思います。差別しちゃいけないと思います」という、優等生の感想文じゃなくて、本当に心が動いてくれたんやな、と伝わってきました。

わたしはその先生方の独自の取りくみに感動しました。先生もじっさいに出会ってみてはじめて気づいたことがあり、自分の意識が変わったということを、日ごろ、生徒たちと接している先生がいうからこそ説得力があるんだ、と。都内でもこうした実践が生まれはじめていますから、ここからぜひ、ひとりでも多くの先生にバトンをつないでいただきたいと思います。

子どもたちが、もうこれ以上、無知と偏見から野宿者を襲い、歯どめのない暴力の果てに、「まさか死ぬとは思わなかった」という取りかえしのつかない事件を起こすようなことが、ないように。うちの子にかぎって、うちの生徒にかぎって、ぜったいにない、ということはありえません。だれにも可能性はあるんです。だから、どうかどうか、子どもたちがかわいいと思うなら、見すごさないで、ぜひ襲撃問題に取りくんでいただきたいとお願い申しあげます。

学校でそんなことが、どこまで本当に教えられるのか。弱い立場の人をいたわり、思いやるなんてことは、授業で教えられるもんじゃないだろうという意見もあるでしょう。でも、ホームレス問題の授業は、子どもたちにとって、学校生活のなかでほかの教科とはちがう、大きく心が揺さぶられる、貴重な体験のひとつになりえます。そしてとくに、小学校、中学校でやることの意義は大きいです。親から虐待を受けている子も、裕福な家の子も、貧乏な家の子も、あまねくどの子にも平等に、学ぶ機会、知る機会、その権利が保障されているはずの公教育、とくに義務教育のなかでこそ、こんな出会いを体験してもらいたいと思います。

修学旅行で釜ヶ崎を訪れた中学校

だからといって、なにも先生方に「まず、野宿の方に出会って、それからでないと授業はできませんよ」といっているんじゃないです。そのかわりに、この教材ＤＶＤを作ったんです。なるべく、野宿の当事者と出会ってるように感じてもらえるよう、カメラのアングルも工夫してもらったり、ひとりひとりの話をじっくり聞くという映像にして。本当に路上で出会っているかのような、子ども夜まわりの疑似体験をしていただけたらと思って、こうした教材ＤＶＤを作りました。

それは子どもたちにも非常に効果がありました。ＤＶＤに登場してくださっている鈴木安造さんにはとくにファンが多くて。**資料Ｄ－１から４**は公立小学校５、６年生の感想文ですが、鈴木さんへのラブレターがいっぱいあるんですね。「僕は、鈴木さんを尊敬します」とか。路上生活者である鈴木さんは、高校生ぐらいの若者４人に両手両足を押さえられ、エアガンで顔面をうたれた経験があることを語ってくださっています。それでも「若い子らでも……、根っから悪いやつはおらへん。なんぼ襲撃されても、

資料Ｄ－１から４『公立小学校５年・６年生　感想文』↓１３６〜１３９ページ参照

うらみはせえへん」とおっしゃっている。この言葉に非常に心を動かされる子どもたちが多いんですね。そんな子どもたちが書いてくれた鈴木さんへの手紙を、大阪の鈴木さんのもとへもっていったら、ポロポロ泣いてはりました。こちらがお礼に行ったのに、「ありがとう、ありがとう、こんなうれしいことはない」って。泣いて喜んでくださいました。もう路上生活は体にきついし、畳に上がらはったら、と、福祉の寮や施設をすすめられても、「いや、まだ働けるから、野宿でがんばる」って、なかなか施設に入ってくださらなかったんですけれど、さすがに血圧も高くて、ドクターストップもかかったようで、いまは施設にいらっしゃいます。

資料E－1で、朝日新聞の「きょういく特報部2010　ホームレスを考えた」があります。ここに紹介されている岐阜県の中津川市立第二中学校では、まさにこの教材ＤＶＤからどんどん学習を展開していって、過去2回、ホームレス問題に視点をおいた研修旅行をしています。２０１１年は3年生の修学旅行となる、２泊３日の研修旅行のテーマを「分かり合おうお互いの心を　考えよう命の尊さを」として、大阪の釜ヶ崎を訪ね、フィールドワークすることにな

授業をする北村年子と鈴木安造さん（右端うしろむきの男性）

りました。そのときに鈴木さんにゲストに来ていただいて、わたしとトークしながら、子どもたちに授業をしました。子どもたちは映像で見ていた鈴木さんに、じっさいに出会ったんです。ちょっと、ツッパリ風のやんちゃな感じの男子たちが、くいいるように見てくれて。ほかの子に「ほら、静(しず)かに聞け」みたいにやってくれたのがうれしかったです（笑）。釜ヶ崎が研修先というのは、おそらく前代未聞(ぜんだいみもん)の修学旅行で、非常にユニークでした。

この中津川二中は、前年度には東京に来て、やはり貧困(ひんこん)をテーマにさまざまな支援団体をフィールドワークして、新宿での夜まわりも体験しています。地元の名物「からすみ」という手作りのお菓子(かし)を持ってきて、野宿の方にふるまって、おじさんたちも大喜びでした。「これ食べたことある。なつかしいなあ」「岐阜には昔、建築(けんちく)の仕事で行ってたことがあって」とか、大人の夜まわりでは聞かないような話もどんどん出て、会話がはずんで、子どもたちも大感激でした。そんな交流をしている学校もあります。

いじめられ体験を感想に書く子どもたち

話が戻って恐縮(きょうしゅく)ですが。**資料C−1から4**「公立中学3年生『ホームレス襲撃』と『いじめ』講演アンケート」と、資料D−1から4の「公立小学校5年・6年生　感想文」。このふたつは、わたしが講

資料E−1朝日新聞「きょういく特報部2010　ホームレスを考えた」↓140ページ参照
資料C−1から4「公立中学3年生『ホームレス襲撃』と『いじめ』講演アンケート」↓132〜135ページ参照

演に行った学校の小・中学生の感想文です。小学校高学年以上には、ホームレス問題について知ってもらうだけではなく、襲撃問題から、いじめについての話をします。このあと、みなさんに、子どもたちにしたお話もさせていただきますが。

いじめについて具体的に踏みこんだ話をしますので、かなりの子が自分のいじめ・いじめられ体験を告白してくれています。たとえば資料C。これは都内のある区立中学校で、じっさいに襲撃事件を起こした生徒のいる当該校です。当該の少年たちも書いてくれましたが、その同級生たちが書いてくれた感想文です。

この資料C－1のふたつ目を見てください。「私は、親にホームレスは生きていても人のやくにたっていないと言われていました」。でも「ホームレスもふつうに生きていいんだとわかりました」。という、その子自身が「私も家に風呂がないとかでいじめられて自殺しようと**リスカ**したりしたけど死ねませんでした。いじめられて何ヶ月間学校に行きませんでした。北村さんの話をきいて私は生きていていいそんざいなんだとわかりました」と、いじめられた体験を非常にリアルに書いてくれて、さらに、自分とホームレスの人たちの存在を重ねあわせ、たとえいじめられても、だれがなんといおうと、わたしは生きていていいんだ、生きる価値ある存在なんだと、尊厳を取りもどすように語ってくれています。ほかの感想文もみんな、それぞれに大切なことを教えてくれています。ぜひまたあとで、じっくり読んでください。

資料Dの小学校5・6年生の感想文も、いじめについて多くふれています。D－3の上から3つ目。この子は、心がパンパンになっています。「じつはぼくの友達も、ぼくのクラスの人にいじめをされています。大好きな友達なのでいつもまもっていますが、そのいじめる人は、やめてくれるでしょうか」。「もしも次にいじめたら、おさえていた心が爆発してもおかしくないくらいにパンパンになっています」。このままでは、自分のほうが暴力をふるってしまいそうだと、訴えているわけですね。

この小学校は以前、荒れていたこともあったけれど、学校をあげて真剣に取りくんで「いまはいじめはありません」と、校長先生はおっしゃっていました。でも講演したら、こういう告発の声が出てきて、先生方もびっくりされて、すぐに学校でも対応してくださいました。担任をふくめてチームをくんで話しあい、みなさんでフォローしてくださいました。よかったです。

その次の５年生は、「ぼくはいじめるというより、『助けない』という人に似ています」と書いています。「ぼくはこのＤＶＤをみてできるだけ、『助けることができる』人になりたいです。そのために、できるだけ、やられている人をしらんぷりせず、『大丈夫？』と声をかけたいです」。この子の感想、少し説明しますと、『「ホームレス」と出会う子どもたち』のＤＶＤを見たあと、襲撃といじめは同じだという話をしますが、そのときに、「被害者」「加害者」「観客」「傍観者」の立場について説明しています。この子は、夜まわりしている子どもたちを、知らんぷりしないで、「助けることができる人」として見てくれてるんですね。ずばり、核心をついてくれています。

リスカ　手首を切る＝リストカットの略。

いま、いじめられてる人、排除されている人に、加害者でもなく、観客にも傍観者にもならず、自分には何ができるのか。ホームレス問題の授業では、まさにそこに気づいてほしい。教室のなかの暴力・排除についても、見て見ぬふりせずに、自分にはどんなかかわりがもてるか一生懸命考える、行動する…そんな「関わる心」を子どもたちに育んでもらいたいと願ってやっています。

無関心は最大の暴力

わたしは、小学校3、4年生なら、自分や友だちのいいとこさがしや、自尊感情をお花の種にたとえたワークショップなどをしますが、5、6年生だと思春期に入っている子もいますし、いじめ問題に踏みこんだ話をします。

先ほど、ご説明したいじめの四層構造。これを、子どもたちにも図を書いて伝えます。まず、被害者は〝孤立無援〟にさせられるから被害者になるわけであって、なにも弱い人ではない。ひとりぼっちでだれの助けもない、という弱い立場に追いやられた状態。

次に加害者。首謀者はひとりかふたり。リーダー格が「やろう」といいだし、同調する相棒、追従する取りまきがいて数人になる。中心になるのは2、3人。

いじめには加害者と被害者がいて、そして、それを笑って見ている観客層がいる。おもしろがって見物している人たち。これがいじめをエスカレートさせることにもなる。

だけど、その他、周囲のほとんどは傍観者である。これが無関心層です。圧倒的多数がここに入る。

いじめの構造を根底から支えているのは、じつはこの、無関心の人たちだと。ここが変われば、いじめは変わる。

　でも、それぞれの立場、これも「状態」です。加害者の状態、被害者の状態、観客の状態、傍観者の状態。これもまた「変化」します。

　文科省・国立教育政策研究所が、いじめのアンケートをとりました。

　小学校４年生から中学校３年生までの６年間、という長期にわたる追跡調査です。６年間、12回にわたる調査のなかで、12回ずっといじめられていたという子は０、11回被害が継続した子がただひとりで０・２％。ぎゃくに、ずっといじめる側だったという子も12回、11回継続はなくて10回継続していた子が０・３％。また６年間一度もいじめられたことがなかったという子は、たった９・７％。一度もいじめたことがないという子は11・１％。つまり、いじめは回るわけです。もとも

いじめのアンケート

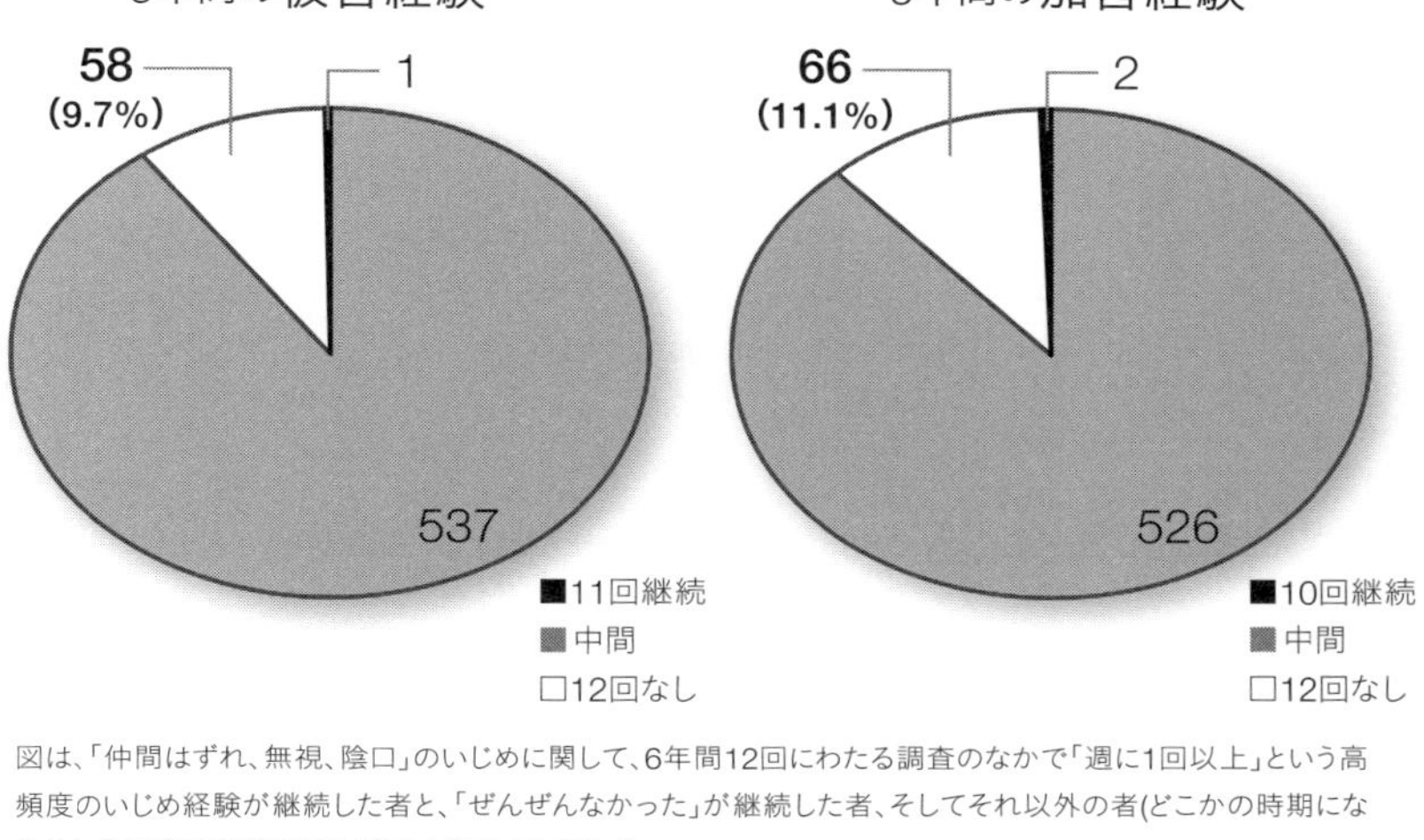

図は、「仲間はずれ、無視、陰口」のいじめに関して、6年間12回にわたる調査のなかで「週に1回以上」という高頻度のいじめ経験が継続した者と、「ぜんぜんなかった」が継続した者、そしてそれ以外の者(どこかの時期になんらかの頻度の経験がある者)の人数を示している。

出典／文部科学省　国立教育政策研究所「いじめ追跡調査2007－2009　いじめQ&A」

と「いじめっ子」「いじめられっ子」という特定の子どもがいるわけではなく、6年間一度もいじめの加害者・被害者になったことがないという子は、たった1割しかいない。要するに、ほとんどの子がいじめを経験している。いじめはどの子にも起こりえるということです。きのうまで加害者だった子が、「あいつ、調子にのってんな。ウザイ」となって、急にハブられて、被害者になるということも起こります。強いから、弱いからじゃなくて、弱い状態に追いやられるわけです。そして、状態は変わる。ホームレス問題といっしょで、状態は変化するんです。

わたしは、ホームレス問題、いじめ問題の本質に、「無関心」の問題があると思っています。「無関心が最大の暴力である」と子どもたちに伝えています。エアガンを野宿者にうちこむのも、「あいつ、いじめよう」っていいだして、なぐったり、けったり、無視したりするのも、ぜったいに加害者が悪い。でも、それを知っていながら介入しない、知らん顔して見ぬふりしている。この、無関心が最大の暴力ですよ、と。ここが変われば、状況が変わるということをいっています。

このことを、わたしに教えてくれたのも、やはり子どもたちでした。この教材ＤＶＤを見た高校生の感想だったんです。いつも子どもが先生。いちばん大事なこと、教えてくれます。このＤＶＤがまだ完成版でなくて、試写段階だったんですけど、ある高校の講演会で見てもらったことがあります。そして、感想文を書いてもらいました。ある女の子が、自分の印象に残ったシーンとして、商店街で鈴木さんが段ボールを集めていて、台車に積みあげていた段ボールがダーッと崩れおちてしまう場面がありますね。あのシーンをとらえて、すごく気になったと。おもしろいですね、子どもの感想って。で、どう書いてあるか。

「鈴木さんが段ボールを落として、一生懸命、ひろい集めているとき……、こまっている鈴木さんのよこを、知らん顔して通りすぎていく通行人たち。声をかけようとも助けようともしない、無関心な人たち。その姿は、きのうまでの私自身でした……」

わたしはそれを見てすごくうれしかった、どんなりっぱな感想文より。見て見ぬふりして知らん顔して通りすぎていた。それはきのうまでの自分の姿だった。それでいいんです。この子は、いま気づいた。「関わる心」が動きだした。

さっきもＤＶＤの上映がおわったあと、幼稚園の先生が感想で「まだあんな小さい子が『おにぎり、どうですか』って声をかけているけど、わたしにはとてもできない」とおっしゃっていました。それはそれでいいと思うんです。すぐに声をかける勇気はない。けれど、もう「関係ないわ」と思えない。心が動く。ああ、手伝いたい、どうしよう。葛藤がはじまる。あるいは、路上でよく見かける、あのおじさん。雨のなか、濡れて寒そうだけど、今夜、眠れる場所はあるのかな。大丈夫かな。そう案じてくれるだけでもいい。どうか、あの人が今日１日、無事でありますように、ねぐらが見つかりますように。祈ってくれるだけでもいい。それは被災地に対してもいっしょです。福島の子どもたちが、うちの甥っ子たちが、安心してくらせるような状態に早くなりますように。避難している人たちが、いつか故郷に戻れますように。祈ってくれるだけでもいい。無関心がいちばんひどい。わたしらには関係ない。それがどれだけ人の心を傷つけるかということですね。

なぜ「やめろよ」といえないか

わたしはいじめの取材を20数年してきて、加害者にも被害者にもインタビューしてきました。多くの子が学校でいじめられる体験をしていますが、この子たちがいうのは「いまでもそれを夢に見る」。自分がいじめられた小学校や中学校の場面。もう30近くになっても夢に見る。人がこわい、外に出るのがこわい。そして、「いじめてたやつよりも、それを見ていて笑ってたやつら、クラスじゅうがだれも助けてくれなかった。そのことがいちばんつらい、憎い、忘れられない」といいます。自分は、そんなにだれからも「大丈夫？」って心配もしてもらえない存在なのか。まわりすべてから、おまえは存在する価値がないんだといわれているような、そう思わされるような、孤独感ですね。その「無関心の暴力」の恐ろしさを、わたしはその女の子の「きのうまでの私自身」という言葉で、はっと気づかされたんです。この子たちは、罪悪感をもっているなということに。傍観者であることの罪悪感、無力感、自責の念。気づいてしまったけれど、どうすればいいのかわからない。助けてあげたいけど、助けられる力がない、自信がない。不安でこわい。みんなが笑って無視してるわけじゃない。

以前、わたしは中学生たちに、こんなふうに聞いてました。「いじめがあるのは気づいているよね。なんで『やめろよ』っていえへんの？　クラスのみんなが、同調しないで、介入するようになれば、いじめはいじめでなくなる。みんなが、『やめろ、やめろ』いうたら変わるよね。どうして黙ってるの？」

当時、うちの息子は中学生で、不登校になった時期だったんですけど、そんな話をしたら、息子にすごく怒られました。「お母さんは何もわかってない」って。

「ぼくがあの場所で、いじめる側にも、いじめられる側にもならずに、自分が自分であるために、どれだけ大変な思いをしてきたか。お母さんにはわからない。外の大人にはわからないよ。いじめを止めろとか、それ、死ねっていってるのと同じだよ。わかってないからそんなことがいえるんだ」と。

そう息子に教えられて、わたしはガツーンってやられて。そうか、いままで中学校に行って、「あんたらが変われば」ってえらそうなことをいうてたけど、わたしはすごいむごいことをいってたんやな、と。いじめは悪いなんてこと、子どもたちは頭ではぜんぶわかっている。でも、「いじめ、やめろよ」ってそんな正論を、正義漢ぶって、その場で表明したらどうなる？　もうその瞬間から「次はあいつだ」って標的にされる。そんな命がけの戦いの、正義のヒーローになれと、怖れずがんばれと、無責任に要求できるのか……と反省しました。

だからわたしは、「やらなきゃやられる」そんな戦場で、いじめに加担しなくてはならなくなるぐらいなら、戦場から逃亡すればいい、徴兵拒否すればいい、と思ったんですね。不登校はそのための、人を殺さず、自分を殺さず、自分が自分らしくいられるために、生きのびる手段のひとつだとも思っています。

86年の鹿川くんの自死の引き金になったいじめは「葬式ごっこ」でした。色紙の真んなかに「鹿川裕史くんへ」って書いて、クラスのみんなが寄せがきをしました。「さようなら」「いい思い出ありがとう」「いなくなってよかった」「安らかにねむれ」。いいだしたのは、Aくん、Bくん。色紙には、担任をふくめ4人の先生も書いていています。先生たちはAくん、Bくんに「先生、これドッキリ（冗談）だから」っ

ていわれたんですね。そのなかで、鹿川くんの小学校時代からの同級生だった男の子が「100円かえせ」と書いています。その子は**鹿川くんの死後8年**たってから、当時のことを語っています。彼は本当は書きたくなかった。仕方なく、「100円かえせ」と書いたのも、彼なりの必死の抵抗だった。どういうことかというと、「おれは彼が生きているという前提で書いた。死んだことにするのはいやだった」といっています。

だけど、色紙の署名を見た鹿川くんにとったら、クラスのほとんどみんなが書いている。男子は全員。友だちだと思っていた子まで書いている。その子も「書きたくて書いたんじゃない。だけど書かずにすますことはできなかった」と。「現に、何人か、『おれはいいよ』とかいってこばもうとして、Aたちに『おまえ、なんで書けねえのかよ』と胸ぐらつかまれたりしたやつがいた。だから、クラスの男は全員、署名している」「いじめがあっても、下手に止めに入ったら、次に自分がやられる、とみんな思ってた」といっています。

あれからもう26年たちました。当時14歳だった子どもたちの多くがいま、父親や母親になっているはずです。小・中学生の親になっている人もいるでしょう。そして、あのときのことを忘れられず、自分は署名し、いじめに加担してしまったという罪悪感、自責の念をいまだに抱えているのではないでしょうか。

いじめの構造を根底から変える希望

いじめはひとつあると、被害者だけじゃない、すべての子どもたちの人生を狂わせるし、すべての子どもたちの自尊感情を傷つけることになります。わたしは、いじめの傍観者たちも、色紙に書いてしまったこの子たちも、責められない。「いじめを止めろよ、戦えよ、いじめてるやつ、やっつけろよ」ってだれがいえるんですか。

だけど、だからといってあきらめられない、まだ何かできることはないんやろか。考えました。子どもたちにも尋ねました。じっさいにいじめに取りくんでいる、いじめを克服した生徒たちの話を聞いたり。そして、それらの事例をヒントにわかったのは、「やめろよ」と加害者を止める正義のヒーローになれなくてもいい、スーパーマンになれなくてもいい、周囲のみんなが、いま、いじめられている子に声をかけること、いま、孤立した状態、ひとりぼっちの人に、かかわろうとすること。「おはよう」「きのうのノートとった？　見せて」「宿題やってきた？」「いっしょに帰ろう」。いじめてる子たちがこわくて、みんなの前で声をかけられないならメールでもいい、電話でもいい。登下校の途中でも、学校の外だけでもいい。「今度、釣りに行こう」「新しいゲーム買ったからいっしょに遊ぼう」。わたしはあなたを気にしているよ、というメッセージを伝えること。それだけでも「孤立無援」でなくなる。

「愛の反対は無関心」。マザー・テレサの言葉です。つまり、愛は関心です。そして、愛の反対は暴力でもある。無関心が最大の暴力。この子にかかわろうとする心が、ひとりでもふたりでも3人でもあれば、この子は生きのびられるはずです。

鹿川くんの死後8年　出典『「葬式ごっこ」八年後の証言』豊田充著（1994年・風雅書房）

わたしたちも同じです。ホームレス襲撃の犯行現場を取りおさえることは、警察が見張ってでもいないかぎりできない。だけど、襲撃の事実を知ったなら、けっして、それをスルーしない大人たち、先生たち。襲撃もいじめも、けっして見て見ぬふりしない。子どもたちをこれ以上、加害者、犯罪者にしない。まず大人自身が向きあい、かかわりの心をもとうとすること。わたしたちが無関心で素通りしないで、しっかり立ちどまって、きちんと意識を向け、関心をもち、行動を起こす。この姿勢が、いじめの構造を根底から変える希望だと思うんです。

孤立無援の状態だから、いじめはエスカレートする。まわりがその子にかかわり孤立させなければ、いじめる子だって手が出せなくなります。

「いじめ・襲撃をなくすためには」ということで、いま、ひとついいました。いまいちばん弱い状態、いまいちばんしんどい状態にある人をスルーしないで、かかわる心をもつこと。それを、わたしたち大人がまず示す。そして、子どもたちに、そうすることで自分自身をもっと肯定できること、無力感や罪悪感ではなく自尊感情が高まっていくこと、その喜びを体験させてあげてほしい。そしてこまっている人に関心をもってかかわることが、当たり前になっていくような雰囲気づくり、安心してそうできる環境を保障するのが、大人の役割だと思います。

いじめる側の心理。その根っこにあるもの

そして、もうひとつ。「いじめや暴力は、ぜったいにしてはダメ！」というだけでは、なくせない。厳

しく取りしまったり、力づくで制圧することでもなくならない。もちろん表面上はおさえられますよ。だけど、もぐらたたきのもぐらのように、先生や親、大人の前ではやらないけれど、また見えないところでやる、ということが起こります。だから、もうひとつ大事なことは、いじめる側の心理を理解すること。襲撃する子の状態を理解すること。それがさっきいった、いじめる側の子がじつは自尊感情がもっとも低い状態、心のホームレス状態にあるということです。

わたしもいじめの定義を見つけるまで、ずいぶん時間がかかりました。でも、いじめる側の心理がわからなければ、いじめはなくせない。いじめられたという子は、被害者としての気持ちをいろいろ話してくれるわけです。「こんなにつらかった、くやしかった」とか。でも、いじめた側は、自分の心理がいえるぐらいなら、いじめたりはしないし、自覚してない子がひたすら多い。「どうしていじめるの?」「あいつがウザイから。あいつがウソつくから」とかね。「あいつが悪い」。相手のせいにする。でも、いじめは、100%いじめる側の問題で、100%いじめる側に責任がある。自分の感情をちゃんと言葉にして説明できない中学生ぐらいの男子がいう感情の言葉は、たいていこの3つ。「ウザイ」「ムカつく」「イラつく」。ぜんぶ「怒り」の感情です。いじめる側の心理に、表面的にはイライラした「怒り」があるとしても、その根っこにあるのは、本当の心の奥底にあるのはどんな気持ちか?

それをわたしに教えてくれたのが、Kくんという男の子でした。彼はそのとき、もう20歳だったので、子どもというより若者でしたが。世田谷区で「いじめよ、止まれ」というシンポジウムがあって、わたしはその分科会の講師でよばれて行ったんです。分科会のテーマはずばり「いじめる側の心理」でした。

30人ほどの10代、20代が来てくれて。そのなかのひとり、Kくんは中学時代にいじめられて、いまはずっと家に引きこもってるっていう子でした。「なぜいじめるのか、いじめる側の心理にはどんな気持ちがあるのか」。わたしが問いかけたとき、彼は、こう応えてくれたんです。

「ぼくはいま、生きてるのがつらいんです。ぼくが人をいじめたくなるのは、いつも自分がつらいときでした」

この、一見、簡単に思えるひと言、「つらい」という言葉が、とくに男の子はいえない。思春期になると、ますますいえない。「男はつらいよ」っていえる寅さん、「ホームレス」ですけど、正直にいえる人は、ありのままの自分を受けいれているからいえるんですね。だけど、「男は男らしく」と思ってる人は、「つらいよ。こわいよ、さみしいよ」っていえない。「そのつらさってどんなつらさ?」ってKくんに聞いたら、こういったんですね。

「ぼくは自分に価値があると思えないんです。自分に価値があると思えないから、だれかを否定したくなります。だれかを否定すれば、自分が少しはましに見えるから。だから、いじめたくなるんだと思います」

まさに、ホームレスの人を襲撃した子は「あいつらには価値がない」といっていた。でもじつは、そういっている子が「自分なんか価値があるのか。生まれてきた価値、生きてる価値。おれにそんな価値はあるのか」と不安に思っている。自分の価値が見えない。自分に価値があると思えない。そのつらさから、より弱く低い位置に他者をおとしめ、相手の価値を奪うことで、なけなしの自分の価値を取りもどそうとする行為。それがいじめなんだと。わたしはそのKくんの言葉で、はじめて、いじめとは何かを定義できたんです。

生きているだけで価値ある存在

だけど、そこでKくんや襲撃の加害者がいっている「価値」というのは、本当の自尊感情の基盤(きばん)となる命の価値ではなく、大まちがいの「価値」観(かん)なんですね。ここからがまた大事なところなんですが。襲撃の加害者がいう「あいつらには価値がない」。それは、いい仕事について金を稼げている、家をもっている、財産(ざいさん)がある。それが価値になるわけですね。だから、就職できない、稼げない、家も買えない、そんな自分はダメで死ぬしかない。そんな日本だから、失業して自殺する中高年や就職失敗して命を絶つ大学生が、世界一多い国になってしまっているわけです。そして稼げない、家もない、そんなやつは殺したってかまわない、「ホームレス」の人を襲う若者がなくならないわけです。じゃあ、そうでない価値は何なのか。お金をたくさん稼げることが、価値なのか。家がないと、価値がないのか。

だれがなんといおうと、あなたはこの世界で唯一無二(ゆいいつむに)の存在として、いまここに生きてるだけで、価値ある存在です。そんな、真(しん)の自尊感情を育てるメッセージを、子どもたちはどれだけ受けて育っているでしょうか。かけがえのない、とりかえのきかない、まさに**「世界に一つだけの花」**、オンリーワン

「世界に一つだけの花」 2002年に発表されたSMAPの楽曲。作詞・作曲・編曲：槇原敬之。

の自分。その、いまの自分のままで、生きる価値ある存在なんだ。生きてるだけで１００点満点なんだ、と思える、無条件の存在の価値。その価値観に根ざした自尊感情があれば、たとえ、いじめられようが、就職できなかろうが、家をなくそうが、それでも大丈夫、自分は生きる価値ある存在なんだ、と自分を信じて、生きのびることができるでしょう。

その大事な価値観、何をもって価値があると思えるかという価値観を、もう1回わたしたち大人が、親が、教育者が、取りもどすことじゃないか。やっぱり子どもたちのやってること、子どもたちの価値観は、わたしたちの社会の価値観の反映なんですね。たとえば、競争社会の価値観、能率至上主義の価値観。なぜ野宿者を襲うか。「あいつらは生産してない。金を稼げない。役に立たない。価値がない」。そんなふうに人の価値を教えこんできたのは、だれだったのか。わたしたち自身が何をもって「人間の価値」としているかというと、ほとんどの人は、勝つこと、がんばって競争社会の勝ち組になることです。だからこそ、子どもたちには、勝ったことを賞賛する以上に、負けたときに「一生懸命、ようやったね」。そこをほめられるか。下手くそでもいい。上手でなくてもいい。「楽しくやれたね」。そうほめられるか。「上手に、イイ子で、よくがんばりました」、これは自尊感情を育てる言葉じゃないですよって、お母さんたちにいいます。お母さんたちの講座で「この1週間、子どもをどんなふうにほめましたか」ってアンケートをとると、必ずこの3つ「イイ子ね」「上手ね」「がんばったね」が多い。というか、これ以外のほめ方をほとんどの親がしていない。

これは、優秀であること、「ナンバーワン」を求める価値観の評価です。「イイ子であること、上手にうまくやること、がんばること」。じゃあ、がんばれない子は、価値がないのか。上手にうまく器用にやれない子は、価値がないのか。大人にとって都合のいい、イイ子でなければ、愛してもらえないのか。

わたしがやっている自尊感情のワークというのは、イイ子でなくても、上手で、がんばってなくても、いまあるその子のすてきなところ、オンリーワンを認めてください、というものです。一等賞を取ること、金メダルを取ること、うまく上手に完ぺきにやれること、イイ子で優等生でがんばること。これ以外で、その子の価値を認めて、ほめてみてくださいと。これも幼児教育からですね。だから、わたしは乳幼児期の子育てが思春期に花開く、と思ってるんです。幼稚園、小学校、その時期に自尊感情の根っこをしっかり育てていただきたい。

不完全を許しながら、ほめて育てる

中学校は、いま、正直いちばんきついです。しんどいです。せっかく自尊感情をもって育ってきたけど、いじめられたり、比較されたり、否定されたり、思春期のコンプレックスもあって、お花の根っこは土のなかで懸命にふんばってても、茎から上はユラユラゆれます。だけど、根っこさえしっかり張ってたら、雨風にうたれても、たとえ嵐にまきこまれても、なんとか吹きとばされず、自分を殺さず、他者をあやめず、生きていける。だから、乳幼児期の自尊感情の土壌をたがやすその時期が、本当に大事なんですね。

だけども、乳幼児期から、お母さんたちのようすを講座で見ていても、「上手に、イイ子で、がんばっ

た」。この価値観が、びっしり家庭まで来てる、社会全体が学校化している。小学校から子どもが帰ってくると、たいていの親はまず「今日、どうやった？」と聞く。何を聞いているのかというと「今日のテストは？　宿題は？　プリントは？　忘れ物は？」、イイ子で1日うまくやれたか、まちがいはなかったかの点検です。でも、子どもが「アイムホーム」つまり「ただいま」って帰ってきて、「おかえり」といって、「どうだった？」と聞くのは、まず〝気持ち〟を聞いてほしい。今日は、つらいことはなかったか。腹立つことはなかったか。悲しいことはなかったか。喜怒哀楽のなかでも、「怒」と「哀」の感情こそを、聞いてあげてほしい。たいてい親たち、大人たちは、楽しい「喜」「楽」の感情だけ聞きたがる。「遠足、楽しかった？」「学校、おもしろい？」って。「ムカつくねん」とか「いややねん」ってことは聞きたくない。でもじつはそこが大事。「ムカついた。今日、こんないやなこと、あった。先公がこんなことして…」と話しだしても、「何、いってんの、先生にそんな、ムカつくなんて！」と、怒って止めてしまう。「そうか、そうか」「ふーん、なんで？　どうしてそう思ったんや？」って聞いていったら、沸騰していた怒りが、言語化することで整理されたり、解消されたりして、また先生と冷静に話しあえることにもなる。

　そうやって安心して感情を吐きだせる、悲しみと怒りを吐きだせるところこそが、ホームです。話すことは、放すこと。そのホームで、あるがままの気持ちを話して、手放して、ガス抜きできれば、学校でいじめでストレスを発散したりしないですむこともあるわけですね。だからこそ、いじめは、学校だけの責任ではもちろんない。乳幼児期の「ホーム」の欠落からずっともうはじまってるんです。

乳幼児期からの子育て、そしていちばんしんどい中学、思春期。その中学の思春期に何が起こるか、それがその後の一生を左右することにもなりかねない。だから、どうか先生たちも、いま、自分の目の前の世代だけでなく、いまこの1年、2年、3年間だけなんとか無事にすませてじゃなくて、この子たちの長い長い育ちと人生を念頭において見守っていただきたい。不完全を許しながら、ほめて、認めて、自尊感情を各世代で育てていただきたいんですね。

「ありがとう」が自尊感情を育てる

こうお話しすると、「じゃあ、明日から子どもとどう接したらいいですか」と先生方に聞かれます。最高のほめ言葉、自尊感情を育てる肯定語は「ありがとう」です。「アイ・サンク・ユー」のわたし（I）を主語にしたIメッセージ。「ありがとう」といわれた命は、ぼくは、わたしは、いまこの自分で「価値がある」「役に立つ」と思えます。今日見ていただいたDVDの〝子ども夜まわり〟のなかに、じつはぜんぶヒントがあるんです。あの子たちのなかには、家ではだれもほめてくれない、むしろ否定されたり暴力をふるわれたり、しんどい子たちもいます。だけど、なんであの子たちが、あんなに野宿のおじさんたちにやさしく、喜んで夜まわりするか。「夜まわり、大好き」「夜まわり、楽しい」という。「なんで？」と聞くと「おっちゃんらが『ありがとう』っていってくれる。喜んでくれる。ほめてくれる」「ありがとう」といわれると、自尊感情が育ちます。何かができるから「イイ子ね、えらいね」という評価型のほめ方ではなくて、「今日も来てくれたんか、ありがとう」。教室のカーテンを開けてくれたら

「おっ、開けてくれてありがとう」。出席とってハイという声に「ええ返事やな、ありがとう」「学校来てくれて、ありがとう」「笑ってくれて、ありがとう」「ここにいてくれて、ありがとう」。評価ではなく、その子の存在、その子の行為を喜び、感謝し、全肯定すること。たくさん「ありがとう」といわれた命はまちがわないです。

罪悪感を抱えて生きる子をつくりたくない

最後になりました。こんなに長く熱心に聞いていただいて、本当にありがとうございます。最後にひとつだけ。いつも、子どもたちに聞かれるんです。「なんで北村さんは、こんなに一生懸命、ホームレス問題にかかわるんですか」。これは、先生からも親ごさんからも聞かれることです。

じっさいに野宿の人を襲撃してあやめてしまった若者からも「なぜ？」と問われたことがありました。長い長い返事を書きました。答えは「わたしもまちがうから」だと。

このなかで、一度も加害者になったことがない人はいますか。わが子であろうとなかろうと、教え子であろうとなかろうと、一度も暴力をふるったことはないっていう人、いますか。いたら、教えてください。あ、何人か。すばらしいですね。

神様でもないかぎり、先生も、またわたしたち母親も、子育てしながら、子どもに手を上げずにすんでいる人は本当にまれです。それは、しつけだとか、指導だとか、大義名分があります。でも、やっぱりその根っこには自分の感情がある。いじめと同じ、暴力は１００％、暴力をふるう側の問題であり責任です。ムカつくのは、イラつくのは、手を上げてしまうときは、自分に価値があると思えない、つらいときではなかったでしょうか。こんなにがんばってるのに、まだ「やれ」「がんばれ」といわれる。どうがんばれっちゅうねん、イライラもする。こんなにがんばってもがんばっても、だれもほめてくれない。「よくやってるね」「先生、すごいね」「お母さん、ありがとう」「お父さん、えらいわ」。だれも大人はほめてくれない。おれだってほめられたい。わたしだって認めてもらいたい。そんな、心がパンパンになってるときに、子どもがいうことをきかない、望まない行為をするとバーン！　わたしたちだって、つらいとき、しんどいとき、そのつらさがイラだちとなって、弱く、出しやすいところに爆発したり、つい怒鳴ったり、手が出たりしてしまう。わたしも子育てしながら、「いじめてしまうのは、生きるのがつらいとき」、そんな自分に気づきました。

そして、もうひとつ。わたしは小学6年生のときに父を自死で亡くしています。腎臓病からうつ病になって、働けなくなった父を最初は励まして。「お父さん、がんばって。病気ちゃんと治して、また働けるように、がんばろう」っていってました。「がんばれ、がんばれ」と。でも、父が弱って「年子、すまんな、お父さん、がんばれへんのや。もう死んだほうがいい」って、12歳のわたしの手をにぎって、一度だけ男泣きにぼろぼろ泣いたことがあったんです。あのとき、父はありのままの自分を見せてくれてたんですね。「つらい」と。そのときはびっくりして、ぜんぶ受けいれました。「お父さん、わかったから、死ぬなんていわんといて。生きててくれたらええ。がんばれなくてもいい。働けなくてもいい。生きててくれればうれしいから」って。それから1週間たち、1か月たち、でも父はいっこうに病院へも行か

ず、家でゴロゴロしてる。タバコすうたらあかんっていうてるのにすうてる。腎臓病やのに、しょうゆや塩を取りいれてしまう。よくなろうとしない。がんばらない。ずるい、逃げてる、あまえてる、なまけてる。世間の人が、ホームレスの人を批判（ひはん）するように、わたしも父を批判していました。そしてもう一度、父が「死にたい」と弱音（よわね）をもらしたとき、わたしはイラッとして、「そんなに死にたかったら、死んだらええやん」

そういってしまったんです。

だから、鹿川くんを死に追いやった同級生たちをわたしは責められない。わたしもイライラしてつらいときに、父にぶつけてしまった。その数週間後、本当に父が命を絶ってしまったとき…、わたしは自分が父を殺したと思いました。それから長い間、ずっと自分を責めて、悔（く）いて生きてきました。そんな罪悪感を抱えて生きる子を、もうひとりでもつくりたくない。わたしのまちがいを、もうだれにもくりかえしてほしくない。それがわたしの活動の原点です。

与えたものが、受けとるもの

この話をすると、子どもたちは非常に納得（なっとく）してくれます。「いじめは悪いことだから」「正しくないから」「暴力はまちがっているから」という正論の人権教育ではなく、わたしはまちがえて後悔（こうかい）したから、みんなが自分を好きでいてほしいから、相手のためよりまず自分自身のために、いじめないでほしい。与えたものが、受けとるものだ、と話します。だれかを傷つけ、否定し、攻撃すれば、必ずその痛みは、自分に返ってくる。相手にボールをぶつけても、バーンと自分にはねかえってくるように。「死ね、消えろ、ウザイ」、そんなマイナスの毒水を投げつければ、ぜんぶ自分に返って、自分をよごす、自分を傷つけ、自分をおとしめる。

そして、もしも本当にその子に何かあったとき、その人の命が消えてしまったとき、取りかえしのつかない自責の念に襲われます。自分が傷つけた、自分が殺してしまった。自分を責め、自分を嫌い、自己否定する。そんな子どもをひとりでもつくりたくない。みんなが自分を好きと肯定して、自分を信じて、自信をもって生きていってほしい。だからこそ、自分を好きでいられるために、自分を大切にするために、「人をいじめないでね」「石、投げんといてね」と、伝えます。そして、自分が出会う人の、よいところをさがして、すてきなところを伝える、プラスのお水を与えてほしいと。

先生方もそんな、出会う子どもたちの自尊感情を守り育てるスポットライトであってほしいと思います。あなたは、ほんとはきれいな心の、やさしい子や。生まれてきてくれてありがとう。と、だれがほめなくても、信じてくれなくても、ただひとりでも、自分を認めてくれる人がいれば、それがたったひとつのスポットライトになります。お花の芽は、たったひとつかすかな光でも、その光のさすほうをめざして伸びていきます。

わたしは小学6年生で、父を亡くす体験をしましたが、そのとき、大人たちはみんな、わたしに「しっかり、がんばれ」というばかりでした。だれも「つらいね、泣いていいよ」といってくれなかった。それからもずっと、わたしは親の前でも声をあげて泣くことをしないで、イイ子で、歯をくいしばって、が

んばっていました。泣きたくても泣かずに、がんばってきたわたしは、子どもを産んで母親になったとき、泣きさけぶわが子を「泣いていいよ」と許せない大人になっていました。そこでやっと気づいたのです。泣くこと、弱音を吐くこと、助けを求めること、それを許せない心が怒りを爆発させ、いじめを生むのだと。

だからどうか、先生方もつらいときはつらいと、弱音を吐くこと、泣くこと、助けを求めることを、自分に許し、子どもたちに許せる大人であってください。

そして、人は失敗することもある、つまずくこともある、不完全な存在であるということ。だからこそ、弱点（じゃくてん）も欠点（けってん）もある不完全な自分を、おたがいに認めあえる、支えあい、助けあえる「ホーム」をどうか、先生もご自分のために求めていただけますように。そして、みなさんの教室がホームルームになり、この街がホームタウンになり、子どもたちが安心して帰っていけるマイホームが、もっともっと生まれますように。ホームレス問題の授業づくりは、そんな「ホーム」づくりに必ずつながると確信しています。

では、「よくこんな長い話、寝もせんと、あくびもせんと聞いたなあ。自分はえらい！　すごい！」。今日は、自分をたくさんほめて帰っていただきたいと思います。そして、毎日よくやっている自分に1日100回「ありがとう」、プラスのお水をあげて、自尊感情を育ててください（笑）。

長い時間、本当によくおつきあいいただきました。先生方も、自分をほめる拍手（はくしゅ）でおわりたいと思います。ありがとうございました。

資料A－1

「ホームレスの人々」の授業について

公立中学校・社会科

1. 対象クラス　3年○組、○組

2. 実施日　○○○○年○月○日（○曜）（○組と○組は別の日に実施）
2時間続きの授業を行った。

3. 単元　公民的分野の基本的人権の保障の部分。
社会権とその中の生存権が終わったところで取り組んだ。

4. 授業を行うに当たって

（1）長引く不況の中で、ホームレスの人々の数は一向に減少せず、困難な状況の中におかれている。子どもたちの周囲にもホームレスの人々はたくさんいて、子どもたちが1年生の時、近くの公園でホームレスの人と小さなトラブルがあったことから、社会科としても改めて考えさせたいと思っていた。

（2）私はこれまでも生存権のところでホームレスの人々の問題は毎回取り上げてきた。
きっかけは、青木悦さんの「横浜浮浪者襲撃事件」のルポを読んだことが衝撃的だったことである。しかし、なかなかよい教材が見つからず、満足できるものではなかった。昨年、「ホームレス問題の授業づくり全国ネット」がDVD「『ホームレス』と出会う子どもたち」を完成したことを新聞で読み、試写会に行き、DVDを入手できた。これを使って授業したいと思った。

（3）子どもたちに感想を書いてもらい、それをまとめたものを読んでもらうことで自他の考えをよりはっきりさせたいと思った。これは授業のほかの部分でもよく行っていることである。

（4）準備の過程で、職員打ち合わせの席上、千代田区でホームレスの人を襲撃した事件の新聞記事と区教委からの「ホームレスに関する授業をするように」との通知が管理職から配られ、一層授業を行う必要性を感じた。

（5）授業については、DVDについていた資料を参考にし、アンケートや資料など、その通りに使用させていただいた。

5. 授業を行って

（1）事前のアンケートをとった時点では、ホームレスの人々への無知と偏見の強さに改めて驚き、はたして2時間の授業でこの気持ちを変えることができるかどうか不安だった。

（2）しかし、授業を始めてみると、生徒たちはDVDを非常な集中力をもって見、素直に考え、私の話にもよく反応した。

（3）最後の感想アンケートでは、ほとんどの生徒が「ホームレスの人には事情があることが分かった」「ホームレスの人々への見る目が変わった」と書いていた。私自身、DVDの持つ力に本当に驚いた。このDVDを作った皆さん、「子ども夜回り」をされている皆さんの努力に敬意を表します。

6．授業内容(45分授業×2)

	分	授業内容	生徒の学習活動	指導上の留意点
第1時	7	前回行った「ホームレスの人々に関するアンケート」を全員分まとめたプリント①を配布し、読み上げる。	プリント①を読みながら感想を言う。	プリント①配布。ここでは気になる部分についてはあえて言わない。
	3	既習の生存権の内容を確認する。	ホームレスの人々にも生存権はあると確認。	
	3	DVD「『ホームレス』と出会う子どもたち」を紹介する。		
	30	DVD「『ホームレス』と出会う子どもたち」を見る。		
	2	今見たDVDの感想を言う。	感想を言い合う。	いろいろ出るが時間で切り、次時に回す。
第2時	4	さきほどのDVDについていくつかの点を押さえる。	主に鈴木さんの話について確認していく。	
	16	DVD応用編「川口猛さんの人生」を見る。		字幕が無いのでよく聞くよう促す。
	2	見終わって内容を確認する。	特に生活保護について考える。	
	6	以前はホームレスになると生活保護が受けられなかったこと、今は状況が変わってきていることを知る。 • 年越し派遣村の話 • 新宿強制排除事件の判決の話		新宿についてはDVDの資料を参照した。
	10	ホームレスの人々への襲撃について知る。	プリント②。2010年千代田区の襲撃事件の記事を読む。意見を言う。	プリント② 表:教材DVDガイドブックの資料「野宿者襲撃事件略年表」 裏:2010年10月13日付中学生による襲撃事件の新聞記事
	3	仕事がないという状況について • ビッグイシューの話	ビッグイシューを知っているか。	ビッグイシューを何冊か見せる。
	4	アンケートを書いて終わる	全員提出する。	アンケート配布

資料A－3

公立中学校3年
ホームレスの人々に関するアンケート　結果

1．ホームレスの人に会ったことがありますか。
- 一人が「ない」　その他は全員が「あります」

2．ある人は、①どこで会いましたか。②話をしたことがありますか。

①
- 学校の帰り　• 公園など（公園や路上）
- すぐそこの地下道付近、〇〇通り、××通り、歩道橋の下
- 家の団地の屋根のある場所　• 駅のホーム。くさい～

②
- あります。4人
- ある。ボールをとってもらった　• がんばれっていわれました
- 何かしら文句を言われる（何度かあった）
- 自転車の電気をつけていたら、からまれた　• ケンカした

3．なぜホームレスになるのでしょうか。
- 職がなくなり、お金がなくなり、家がなくなり、ホームレス
- 職・家庭を失ったから　• 失業した　• リストラされた（くび）
- 職を失い、家賃を払えなくなったから
- 友達がいない（家族とかも）、金がない
- お金がなく家賃が払えない。住むところがない
- 就職できなくて、家族にも捨てられたから。お金がないから
- 仕事とか、自分から働かない?働けない?　• 職につけないから
- 働けなくなった（クビや倒産）。借金まみれになった
- 仕事をする気がないから　• 努力をしなかったから
- 学生の頃、勉強や運動といった事を努力しようともせず、勉強すら努力できないのだから、社会に出て会社に勤めても努力できなかったから
- 勉強しなかったり、勉強できなかったり

4．ホームレスの人はどうやって食べ物などを得ていると思いますか。
- バイト、資源回収
- 空き缶売ったりして、お金を得たりして、コンビニで買ったり……
- ゴミなどを集めてお金に換えてくれる業者の所に持って行く。たき出しへの参加
- 国からの援助で食べ物を得ている
- 雇用保険や、生活保護、親戚などの仕送りなどで現金を得て暮らしている。後は缶を拾ったり
- ボランティアの人々からの、必死でお金を集めて、コンビニなどで買う。

コンビニの廃棄物
- お金を探す。落ちているお金とかそれで買う
- 自動販売機の下のところでお金があったらそれで買う。「食べ物ちょうだい」って言ったり、歩いてたりする人に「○○円ちょうだい」って言ったり（←言われたことあります）
- コンビニの裏に残飯をおくところから取っている
- 食べ物を拾って食べてる　• 公園のゴミ箱をあさっていた
- 物乞い、採集、狩り

5．ホームレス生活をしていて、大変なこと、いやなことは何でしょうか。
- ニュースでこの前見て、いじられる（嫌がらせ）をされること。寒さとか暑さとか。食事
- バカにされること。カンをさがすこと　• からかわれる
- 差別されること。衣食住が十分にできないこと
- 初めのうちは恥ずかしい。衛生環境が悪い
- 孤独。他人から変な目で見られる
- 変な目で見られる。おなかがすく。身体が臭い
- 大変なこと：気温の変化がつらい。やることがない。つまらない
- 人としての扱いをされない。いい暮らしができない（お風呂などに入れない）
- 食料が少ない、買いたいものが買えない。まともに生活できない
- さげすまれた目で見ること。寒いこと
- お風呂に入れない。さむい&あつい。いやがられる。食べるものが無い
- 気温、雨、食事　• 虫や夜の寒さがつらい　• 全部。自分だったら

6．ホームレスの人に対してどんなイメージがありますか。
- こわそう　• 臭い。ベンチとかで見るとちょっと怖い
- 汚いや、かわいそうというイメージがあります。あと、叫んだりしている人もいるので、怖いです
- くさい。かわいそう。こわい
- 見ていると、臭いイメージしかないが、食料などの確保が大変そうだ。
フロなどにも入れないので、体がかゆくなると思う。病気にかかりやすいイメージがある。←これらから、今、職を失っている人が増えている
- 苦労しているなあと思う。今の日本の現状がうかがえる
- 苦しい生活をしている
- 誰か友だちとか家族に頼ってでも普通の生活を送ってほしい
- あまりいいイメージはない。できれば仕事をしてほしい
- くさい。道にいるのでじゃま。きたない　• スグキレる。感情的
- 人目のつかない所で生活していてあまりいいイメージが無い
- 家がない。（失礼だけど）汚い。お金がない
- 抵抗がある。無人島でも生きていけそう
- 臭い、近寄りづらい、自分勝手←これ大きい
- 会ったりしたらいやだなと思うが、特に深く関心を持ったことはない
- 仏のサルコジ大統領の言葉を借りるなら「社会のゴミ」とでも言いたいところだが、まだ自分自身働いてないので、強く批判する資格すらないので、自重させていただきます

資料A－5

公立中学校3年　ホームレスの授業の感想のまとめ

1．DVDを見た感想を書いて下さい。

- 今まで、ホームレスの人のことを知ろうとしなかったけれど、DVDを見ていろいろな理由があって本当に仕方なく路上で生活してるんだと思った。その人は悪い訳じゃないのに、ホームレスになって〝しまった〟人ばかりだと思った。
- 今のホームレスさん達の苦労がうかがえた。（なぜホームレスになったのか。）金をためるのに1日中働かなければならないのには驚いた。自分はこのDVDからホームレスに対する意識や見方が、かなり変わったように思う。
- ホームレスは、目で見たことしかないので、DVDを見て、必死に生きようとしている人たちばかりだと思い、感動しました。改めて、自分は恵まれているんだなということが分かりました。
- 単純だけど、ホームレスの見方が変わりました。普通に、こわいとか、働きたくないだけだろとか思っていたけれど、仕方ない事情があり、その中でも頑張っているんだなあと思いました。
- ホームレスの人たちも、ひどい事情があって、こうなってしまっていることが分かった。
- DVDの中では大体の人が「ホームレス」ではなく、「野宿者」と呼んでいたので、「ホームレス」という呼び方だけで、差別的用語になるのだと思った。施設の子どもたち（ではないのですが、児童館に来る子どもたち／教師注）は野宿者の人たちに普通に話しかけていたのですごいと思いました。
- 活動がとても興味深かった。
- すごい苦労しているなあと思った。こわくて寝れないのがかわいそう。
- いつ、襲われるか分からないので寝れないというのは、かわいそうだなと思った。
- 大人が子どもに対して、ホームレスのことについて本当の事情を教えないのが悪いと思う。子どもは、遊び半分や、まだ後先考えることが難しいのに、大人が指摘しなくてどうするのかと思う。まして大人が暴力を振るうなら、子どもばかりをたたくのはおかしい。
- ホームレスも、悪い人じゃないんだな……と思いました。他の学校でも見た方が良いと思いました。
- ホームレスの人も、一人の人間であって、障害などの悩みを沢山抱えているんだと知って、なんだか悲しくなりました。もっと、どんどん生活保護を受けてもらって、路上で

の生活を抜け出して川口さんみたいになっていってほしいです。
- 生活保護とかを受けて、普通の生活を送れる人が増えていくことが重要だと思いました。
- ホームレスの人を馬鹿にし、見下していたが、いかに馬鹿げたことかがわかった。
- ホームレスの見方が少し変わった。でも、このDVDでは感じのいいホームレスだけを映していて、怒っている所などを映していないだけなのではないかと思う。
- 本当にこういう人だけなのかと思った。でも、こういう人もいるのだけは分かった。

2．もしあなたが友だちから「一緒にホームレスをからかいに行こう」と誘われたら、何と答えると思いますか。

- そんな奴は友だちではないので、無視します
- そんなこと言う友だち、いません
- お前、バカだな、痛みを知れ、お前がやられたらどうするんだ
- やめなさい。やってはだめです
- 犯罪になるからやめた方がいい
- このビデオについて語ります
- 前だったら、「ちょっと行ってみる！」とか言ってたかも知れないけど、DVDを見てホームレスへの見方が変わったから、「ホームレスは悪い人じゃないんだよ」と言えると思う
- 友だちと何か面白いことをするのは大好きですが、自分が楽しくても他の人がいやな気持ちになったらダメなので、断ると思います
- 普通の生活でノリは大切だが、人をからかう行動は良くないと思うので断る
- 私は行かないと言うと思います
- 「そんな幼稚な遊びしたくない」と断る
- 断る。「そんなことよりカラオケいかね？」とか言って友だちもやめさせる
- 断る　• 帰る　• やめとこー　• 行かない　• ムシ
- 忙しいので、無理だと答えると思う
- 何か別の話題をだして、しのぐ
- 「どこのホームレス？」と聞いてしまう

資料A－7

3．授業についての感想・質問を書いて下さい。

- 年越し派遣村に行ったことがあって、ミカンを持っていったら、ミカンだけですごい喜んでくれてびっくりした。人が沢山いた。
- 最初は、ホームレスについてなんで2時間もかけてわざわざ授業をやる必要はあるのかなと思っていたけれど、自分の勝手な差別意識を自分のように少しでも多くなくせるのなら、大切だと思いました。
- 今までは、ホームレスは、仕事をちゃんとやらないで、家がなくなったんだから、自業自得（じごうじとく）だと思っていたけど、それぞれ事情があるんだなと思いました。
- 自分の心の中にあった一種の「差別」が一つ減ったと思う。
- ホームレスの方々のいろいろな事情が知れ、少し見る目が変わりました。
- 最初は軽く、ホームレスに対して考えていたが、今の現状を知って、考え直そうと思います。
- 知っているようで知らないことばかりで少し焦った。ホームレスの人への見方が変わった。ボランティアにも参加したいと思った。
- ホームレスのことをくわしく知れて良かった。
- これからは、ホームレスの人も、一人の人間としてしっかり見ていこうと思った。
- 野宿者の人にもいろいろな事情を抱えている人が多いのだと思いました。もう少し野宿の人に目を向けて見たいと思いました。
- 実際に、ホームレスに、理不尽な理由で怒られたりしているので、ホームレスへの偏見が確実には消えていない。
- 見ていて、女の人でホームレスはいないのかと思った。やっぱり結婚したら家事するのは大体女の人だから。
- 何故女性のホームレスはいないのか?　給料等は少ないのに。
- ひどい事する人が、公の事件以外にも沢山いることがびっくりでした。でも、一人で話に行くのは無理かも。
- 犯罪が減っていってほしいです。
- あまり、まえと考えは変わりませんでした。でも、無関心ではなくなったと思います。

資料B－1

教員資料　「いのち・ホームレス」について　中学2年
（1時間編の主な流れ）

＜導入＞

- いままで「いのち」についていろいろな勉強をしてきました。今日はその応用編です。
  これから生きていく上で、考えてほしいことを選びました。（ここでプリントを配る）
- ついこの前の9月に千代田区で路上生活をしている人に熱湯をかけた人がいます。
  やったのは中学3年生でした。［プリント①新聞記事を簡単に説明］
  ほかにも、こんなに襲撃事件があるんです。［プリント②襲撃年表］
  実は、2009年には、江戸川区でも起こりました。知っている人？
  ［プリント②の江戸川区の事件読む］
- 「やるのは一部の人」で「自分はそんなことしない」と思っている人？
- 「やられて当然じゃないか」「しかたない」と思う人？　なぜ、そう思うのですか？
- 「ホームレス」って聞くと、どんなイメージをもちますか？
  心の中で思ってくれたらいいよ。何を想像しますか？（いくつか、他校の中学生の例を出す）
- 自分の心で思っていることを、大切にして、次のDVDをみてください。

＜展開・DVD本編上映30分＞

- 「ホームレス」という言葉を日本語で言うと？
  「権利や尊厳が守られない環境にある状態」……状態を表すので……「状態」は、変化する。

  だから「ホームレス」という「人」がいるのではない。　例「ホームレス中学生」は正しい使い方。

  （家がないのは「ハウスレス」）

  「ホームレス」からそうでなくなることもあるし、誰でもなる可能性がある。
- 「鈴木さん」について確認する。
  現在の社会の状態　若者ホームレスが増えていること・自殺、カフカの階段・生活保護を受けたり医療を受けたりできること・ビッグイシューの話。
- こんなにある襲撃事件……弱い者にむかってしまうのはどんなとき？「心」の状態が弱いとき。
  自分の心の状態は？　ストレス、イライラがあるのはなぜ？　そのときどうする？（呼びかけるのみ）
- どんなふうに生きていくか？
  それは、自分だけでなくて、どんな社会にしていきたいか、ということも含めて。
- 今日のDVDもひとつの参考にして、生き方を考えていきましょう。
  大人でも答えが見つからない難しい問題ですから、これから先何年も時間をかけて考えてください。

  今日の授業は、これで終わります。
- 教室に戻って、感想とアンケートを書いて提出してください。

感想・アンケート用紙

年　　組　　番　名前

1. 路上生活をしている人に会ったことがありますか？

ある　・　ない

2. 路上生活をしている人と話をしたことがありますか？

ある　・　ない

「ある」人は、いつどんな話をしましたか？

3. DVDをみる前は、「ホームレス」ときいてどんなイメージがありましたか？

4. DVDをみて、路上生活の人への見方は変わりましたか？

変わった　・　変わらない　・　わからない

5. イメージが「変わった」と答えた人は、どのように変わりましたか？

6. もし、あなたが、友だちから「一緒にホームレスをからかいに行こう」と誘われたら、　何と答えますか？

7. 襲撃事件をなくすにはどうしたらよいでしょうか？
その他、DVDや授業の感想、質問を自由に書いてください。

資料Ｂ－３

中学２年　授業「いのち・ホームレス」生徒の感想

①路上生活している人に会ったことがありますか？
　ある……137　　　ない……42

②路上生活をしている人と話をしたことがありますか？
　ない……172　　　ある……7
- こないだ、色々　　• 「これあげる。」
- 小1の頃「どうしてそんな所にいるのか」
- 「人生に疲れた」と言われ色々と語った　　• 小6の時、普通にいろいろなこと
- 昨年、先輩と二人で陸上の練習をしてる時「自分の人生」を話された
- 小学校の時ボールで遊んでいたら「入れて」と言われて断った

③DVDをみる前は「ホームレス」ときいてどんなイメージがありましたか？
- こわい……50　　• きたない……42　　• かわいそう……21
- 家がない……15
- お金がない、仕事がない……9　　• 近寄りがたい……9
- よくないイメージ……9　　• 危ない……4
- 家がなくて苦労している人……3　　• くさい……3　　• 年をとっている……2
- 何もしていない……2　　• 橋の下にいるひとたち……2
- 結構苦労している人……2　　• あまり関わりたくない（怖そうだから）……2
- わからない……2
- なまけ　• 自分がいけない　　• 人生の負け組　　• 失敗してる人
- みじめ　• 自分より弱い　　• 話しかけちゃダメ　　• 何も思わない
- この世にいる意味のない社会のクズ、ナマケモノ、ケダモノ、クサイ、キモイ
- その他

④DVDをみて路上生活の人への見方は変わりましたか？

1組	変わった……26	変わらない……4	わからない……5
2組	変わった……17（花丸1含）	変わらない……11	わからない……9
3組	変わった……21	変わらない……7	わからない……6
4組	変わった……16	変わらない……10	わからない……8
5組	変わった……24	変わらない……4	わからない……9
計	変わった……104	変わらない……36	わからない……37

（177名　＋　不明2名）

⑤「変わった」と答えた人は、どのように変わりましたか？
- 優しい……9　　• 怖いという気持ちがなくなった……8

- もっと怖いイメージがあったけど、優しい人たちがほとんどなんだな、と思いました……6
- 色々事情があるんだなと思った……4　• かわいそう……4
- がんばって生きている……4　• ふつうの人と同じ……3
- けっしてこわくなんかなくて、みんな優しそうだし、いろいろな事情があるのだと思った……3
- ちゃんと仕事をしていて、がんばっている……2
- 大変さがとても伝わった……2
- 同じ人間で、ちゃんと感情があって、心優しい人……2
- 普通の人間。みんなと同じ。すごく苦労をしているんだということがわかった……2
- 路上生活をしている人にも理由があり、仕方なくそのような生活を送っているということを知った……2
- 仕方なく路上で生活している……2
- 子どもたちに優しく答えていた　• 人間としてきちんとできている
- なりたくてなったわけではないんだな　• 人は人　• なんか、さみしそう
- 今度はしゃべれたらいいです
- 悪い人たちではないという所は変わりませんが、仕事を失ってしまったりかわいそうというイメージに
- 苦労しているんだなあと感じた。「ホームレス」の人をからかう人の気持ちが分からない（自分が）失礼で申し訳ないと思った
- 悪い人々が差別しているだけで、ちゃんと「人」
- イタズラをしている人のことを、「もともとは良い人」と言っていて心が広いんだなと思った
- 仕事をしていることを知った。襲撃を恐れていることを知った
- 路上生活の人は、私たちがこわいかもしれない
- 本当は本人たちが一番こわがっていたことがわかった
- その他

⑥もし「一緒にホームレスをからかいに行こう」と誘われたら、何と答えますか？

- 断る……28　• 行かない……18　• いやだ……13
- 止めるよう言う……11　• 無理……8　• やめとく……8
- そんなことを誘ってくる友達は持ってない……3　• その人を止める……3
- やめましょう!……3　• 一人でやってろ……3　• くだらないことやめなよ……3
- 遠慮しとく……3　• 私はいいや……2　• ぜったい無理……2　• NO!!……2
- あんただって「ホームレス」になってそうゆうことされたらどう思うの？　やめなよ……2
- そんなこと、絶対にしない!!……2　• かわいそうでしょ……2
- ごめんね……2　• そんなことしてもつまんない……2
- ばっかじゃねーの？と断る……2　• ごめん用事がある……2
- 今日、塾があるので、と断る　• 一人で行って　• 考える　• 無視する
- まだ警察のお世話にはなりたくない。　• つかまるから無理だよ
- お母さんに怒られるからいいや　• このDVDみなかった？

- 私はそんな事したくないから行かない。そんなことしちゃダメだよ（言えたらいいな）
- 時と場合によって正直に言うと、からかいに行くかもしれないけど、からかう事はないと思う。
- その他

⑦襲撃事件をなくすにはどうしたらよいでしょうか？
- 中学とか高校で今日のようなDVDを見て、よく知る……6
- 一人一人の意識を高める……4　• みんなが理解を深める……3
- 全国で「ホームレス」を受け入れ保護する……3
- ちゃんと事情を知って自覚する……3
- 一人一人が、路上生活を送っている人の悪口を言わないようにする……2
- 人の気持ちを考える……2　•（襲撃しているのを）見たら警察を呼ぶ……2
- （襲撃しているのを）見かけたらすぐに止める……2
- 「ホームレス」を体験してみる……2
- みんなが「ホームレス」に抱く気持ちを変えてほしいと思った……2
- みんなの持っている「ホームレス」に対するイメージを変える……2
- （保護活動を）呼びかける……2
- 国に頼んで、生活保護施設を作ってもらう……2
- 子どもたちが夜行っている行動を、もっといろいろな人たちに知ってもらって広めればいい……2
- 路上生活をしない……2　• わからない……2
- 偏見をなくす　• 人と人の差別をなくす　• 見ないですどおりすれば良い
- 襲撃している人たちを止めたい　• 周りの人が止める
- 友達がやろうとしていたら止める
- 今どきの子に、ストレスを感じさせないこと。頭が狂ってるからそうゆうようなことすると思う。狂う原因を無くせばいい
- 地域でサポートする
- 「ホームレス」の人が就職しやすい社会にして減らす
- 私もその子たちみたいに「ホームレス」の人たちと話してみたい
- 交流を深めたり、理解することが大切
- 職を失った人たちがもっと働けるところを設ける
- その他

⑧その他、感想、質問など。
- 何もしていないのに殴られたりしてかわいそうだった。……5
- 「ホームレス」の人が少しかわいそうに見えた。……2
- 毎日が辛いはずなのに「死にはしない」と言っていたのは本当にすごいと思いました。
- がんばって生きているんだと思いました。　• やっぱり苦労していると思った。
- 段ボールの中で一日中いると思ったら、ちゃんと仕事をしていてびっくりしました。
- 寝るときとか、朝までちゃんと寝れないって言ってて、いつ襲われるかわかんないし、本当に不

安でいっぱいなんだと思います。ちょっと難しかったです。
- 今日の授業で路上生活している人へのイメージがだいぶ変わった。
- こわいっていうイメージがあったけど、考えてみると自分がそう思っていただけだな、と思いました。
- 夜回りとかしてすごいと思った。怖いと思ってたけど本当はちがうのかなと思った。
- 今まで見ないふりをしていました。でも、DVDを見て、心豊かな人がいることを知りビックリしました。
- 「ホームレス」の人たちが本当に苦労していて、少しのお金に5時間もかけているなんて思ってもいませんでした。
- いっしょうけんめい生きているのにぼうりょくをするのはよくないなあと思いました。
- 「ホームレス」の人たちにも生きる権利はあるのだから絶対に暴力はふるってはいけないと思いました。
- 生きているので、しゅうげきはやめてほしい!!
- 同じ人間だから襲撃はひどいと思う。
- 同じ人間だし、ちゃんと生きていることをわかってほしい。
- 襲撃は絶対にやっちゃいけないと思った。
- 「ホームレス」の襲撃事件があんなに多いことをはじめて知って驚いた。
- そんな人たちをイジメたりしても罪悪感が残るだけじゃないのか？　人殺しとか絶対にない!!
- （襲撃について）多分やる人はちょっとしたからかいだと思うけど、やられる人は本当に怖いんだなと思いました。
- 襲撃事件が減らないのは、「ホームレス」を人として見ないからだと思う。
- 腹いせのために（襲撃を）やっている人は、人の気持ちを理解できないからイライラしました。どんな人間でも、気持ちはあるから理解してほしい。
- もし食べ物があったらあげたいなって思った。自分は幸せだなって思った。
- たくさんあるけどわかんない。
- よくわからない。けっこーむずかしかった。
- 自分だったら、よくもないし、悪くもない。
- かわいそうだと思った。……けど、かわいそうだと思っちゃいけないと思いました。あたしも夜回りやりたい!!　助けたい!!
- 初めて「ホームレス」の人について考えました。これからも「ホームレス」の人を気づかうようにしたいです。
- 私もDVDに出てきた人たちのように機会があればお話したり触れ合ったりしてみたい。
- 小6の時、「ホームレス」の方に飲み物をあげようと思って持ってきたはいいけど、緊張して話せなかったから、DVDを見て勇気を出して話しかけてみようと思う。
- 「必要のない」とかいう言葉がありましたけど、そんなの人間が決めることじゃないと思います。家庭や学校での生活が大きくその人の行動に関わるんだなと思いました。
- なんで「ホームレス」が多いのか。
- 自分はそうなりたくない。
- 自分たちが「ホームレス」にならないようにするにはどうすればよいですか?
- その他

資料C－1

公立中学3年生「ホームレス襲撃」と「いじめ」講演アンケート

1．　今日のDVD映像を見て、あなたはどんなことを考えたり、思ったりしましたか。

2．　今日の北村さんのお話をきいて、あなたはどんなことを考えたり、思ったりしましたか。

- ホームレスは今では汚くて臭いだけのクズの人間だと思っていましたが、DVDで本当のことを知ってそうも思えなくなりました。僕たちもいつホームレスになってもおかしいことはないと知り、驚きました。あと、子供たちがホームレスを襲撃する事件が多いことにびっくりしました。僕は絶対に人に暴力をふってはいけないと改めて思いました。
ホームレスのみかたがいっきに変わりました。ぼくも出会ったら何かしてあげることはないか考えるようにしようと思いました。

- 私は、親にホームレスは生きていても人のやくにたっていないと言われていました。ホームレスもふつうに生きていいんだとわかりました。ホームレスを襲撃してはいけないというのはわかってましたけどこんなにいっぱいしゅうげきをしている人たちがいるのはびっくりしました。DVD見てからあらためてホームレスをしゅうげきしてはいけないとわかりました。
私も家に風呂がないとかでいじめられて自殺しようとリスカしたりしたけど死ねませんでした。いじめられて何ヶ月間学校に行きませんでした。北村さんの話をきいて私は生きていていいそんざいなんだとわかりました。ありがとうございます。

- 私の家の近くのガード下にもホームレスの人が野宿しています。幼い頃はホームレスの人を見て恐い…。とかいう感情を抱いていましたが、中学生になり、成長した今の私はそんなことを思ったりはしてません。自分の地域で実際にホームレスの方を見かけた時、母が教えてくれたからです。母は私に「あの人たちは好きで野宿している訳じゃないんだよ。あの人たちには深い理由があるんだから、偏見の目で見てはダメ」ということを教えてくれました。私は今そう教えてくれた母に感謝しています。DVDを見てホームレス問題について教えられている子供たちはとてもしあわせだなと思いました。美しい心を育てることができると思うからです。そういった経験を通して人間としてすばらしい感性をみにつけていくんだと思います。優しい心を持ったあの子供たちのような人がたくさんあふれる世の中になってほしいと思いました。
私も小学生のころひどいいじめを受けていました。らくがきされたり悪口を言われたりとても辛い思いをしましたが、今となっては私をいじめていた人がかわいそうだと思います。その人達は人を傷つけることに喜びを感じていること、その人達にはきっと原因をつくってしまった深い過去があること、北村さんの話をきいて私をいじめていた人たちももう一度やりなおしてほしいと思いました。

• ホームレスの人たちを見て昔の僕はへんけんをもっていて、汚いやつだと思っていたけど、12月25日にそのへんけんが消えました。その日サッカーの帰りだった僕は病気で死にかけていたホームレスの人を救急車をよんで助けました。その時おじさんは病気で働いていないと言っていました。今日のDVDでも同じようなことを言っていました。それはしょうがないことだと思いました。だからへんけんや差別はやめて、している人がいたらごかいをといてあげたいと思いました。

• ぼくは今まで「ホームレス」は「人」のことを示すものだと思っていました。しかし、僕の考えは間違っていることに気がつきました。僕は小学校の時「ホームレス」のおじさんにおかしをあげたことがあります。それを親に言ったら「何でそんなことするの!?　あぶないでしょう!!　そんなことしてあんたが大変な目にあったらどうするの!?」とおこられてしまいしました。それから、「ホームレス」は「こわい人」「悪い人」と認識するようになりました。しかし、今日の映像を見て「ホームレス」はひとじゃなくて状態だ。今「ホームレス」の人は好きでなっているわけではないんだということが身にしみてわかりました。もう見て見ぬふりはしないようにしたいと思いました。
僕は小学校の時から父親から暴行をうけてきました。その時はすごくムカツイて反撃してやろうとか「殺したい」とか思ってしまいます。でも、後から「あ、じぶんがこんなことするからおこるんだ」と分かってそんな思いを抱いた自分が許せなくなる時があります。

• 私は今までホームレスの人が襲撃されているというニュースをきいてもあまり実感がわいていませんでした。しかし今日のDVDを見てホームレスの人々を襲うということはとてもいけないことであり、その加害者も、被害者も辛いものを抱えていることがわかりました。私の区でも同じことが起きたと思うと、とても怖いです。そんなことは絶対におきてはいけないと思います。私たちの意識の中で少しでもそういうことが起こらなくなるなら、意識を変えていこうと思いました。

- 僕は北村さんの話をきいて暴力やいじめはいけないと思いました。暴力やいじめを受けている人達の気持ちがわかります。僕も暴力やいじめを受けていたことがありました。その時は友達やクラスの人達が「やめなよ」と言ってくれたので僕は何とか暴力やいじめが少しだけの間やられなくなりました。けどそのあともまた自分やほかの人にも暴力やいじめを受けていました。

- 私は今日のDVDを見て鈴木さんはとても苦労している方だなと思いました。毎日ダンボールを集め、少ないお金で生活していて凄く感動しました。街でホームレスの人たちを見ていましたが、こんなに大変な生活をしているとは思いませんでした。私の家では「どんな人でも困っている人がいたら助けてあげなくてはいけない。」ということを日々言われてきました。その言葉を振りかえってみて、何か、私にできることはないかなと思いました。このDVDを通してホームレス問題を深く考えてみようを思いました。
  北村さんのお話をきいて、改めて、いじめはいけないことだし、おそろしいと思いました。私も今までは、もしいじめられている人がいたら自分がいじめられたくないからという理由をつけ、見て見ぬふりをしていました。だけど、北村さんのお話を聞いて、今まで自分は何をしていたんだろう。そう思いました。今度からでは、もう遅いかもしれないけど友達や周りの人がいじめられていたら積極的にとめたいです。

- 僕は今日DVDを見てホームレスへの接する態度、見方をかえようと感じました。今日、見たDVDでは皆ホームレスと親しくなんのためらいもなく接しています。その姿に僕はとても感動しました。またホームレスの人が襲撃に対して恨んでいないという所を見て僕はこういう強いひとになりたいんだと思いました。
  僕は暴力をする人はしたくしているのではないと思う。暴力をする人は身の回りの出来事や事情によって心がくずれてしまっているのだと思う。今日の講師の人が暴力をする人に注意をするのではなく、心のケアをしなくてはいけないという言葉が非常に印象に残っています。僕も将来はそうやって人の心をかえて、元気にできるような立派な大人になりたいです。

- 私は両親に「ホームレスは働く気がないからお金もなくて公園に住むしかない」…というようなことを言われました。私も話を聞いて「ホームレスはそういうものなんだな」と思っていました。でも今日の映像を見て「ホームレスという人」ではなく「＜ホームレス＞になってしまった人」というように考え方が変わりました。ホームレスの人達ももとは私達と同じような家があり、働かないのは「働かない」ではなく「働けない」という難しくてかわいそうな状況なんだなと思いました。

いじめを受けるのはとても哀しいことで、そして辛いことです。私は友達の言う冗談を真に受けてしまい、傷付いていた頃がありました。それでも、何とか立ち直り、冗談はちゃんと冗談として受けとめ、本当の言葉はその人が真に言いたいことなんだと、耳を傾けます。暴力は身体的なモノだけではなく、精神に通ずる言葉の暴力があります。どちらも酷くて痛くて辛くて、とても哀しいことです。どんな感情におちいっても暴力はやはりダメなんだと今日改めて思いました。

- ホームレスも、私たちと同じ人間なのに、なぜ、人はホームレスを暴行するのかわかりませんでした。私もDVDに出てきた人のように、ホームレスに近づくのはこわいなと思います。ですが、だからといって言っていいことや悪いこと、やっていいことや悪いことがあると思います。私も小学校時代いじめられていました。なんの理由もなくいじめられていたので、私はその人たちをうらみました。正直言っていまでもわすれられないし、うらんでいます。ですが、今日のすずきさんの意見をきいて、とても器が広いなと思い、私はちっぽけだなと思いました。今日のDVDをみて、うらんでいてもしょうがないので、すずきさんのように心ゆたかな人になりたいと思います。ホームレスが社会のゴミではなく、そういう人（心のゆたかな人）をけなす人の方が悪いと思います。

- 私は、ホームレスを見かけて見てみぬふりをしていたけれど、DVDを見て自分がしていることをはずかしく思いました。ホームレスの人達が働きたくても働けなくてしかたがなくホームレスをやっていることは初めて知りました。また、ホームレスのおじさん達が朝から夕方まで働いても、たったの900円しかお金を手にいれることができないことを知りとても驚きました。そして、おじさん達のために私たちより小さい子供が食べ物をあげたりしていてえらいなあと思いました。私は今までホームレスの人たちは恐い存在だとおもっていたけれども、実際はとても親しみやすい人達だということも分かりました。そして、これからの私ができることはホームレスの人達が困っていることがあれば手をさしのべて、助けてあげることです。また、国が協力してホームレスの人達に仕事を与えて家に住めるように助けてあげることが大切だと思います。

資料D－1

公立小学校　5年・6年生　感想文
『なぜいじめるの？　みんなでかんがえよう！』

• DVDを見て、そして北村さんの話を聞いて、思ったこと感じたことを書いてください。

<鈴木さんへの手紙>
　鈴木さんへ　ぼくは鈴木さんと同じで助け合いが必要だと思います。鈴木さんはエアーガンや火をつけられた事がありましたね。どうしてそういうお年よりや弱い人にいじめするんだろうと思いました。この世の中いじめというのはどうしてやるんだろうとぼくは思います。仕事も最後までやるのは大切だけど病気になったら命にかかわるからすぐにきゅうきゅう車をよんだほうがいいと思います。鈴木さん、仕事も大事だけど体の調子もととのえて下さい。仕事がんばって下さい。ぼくは鈴木さんのことをしんじます。（5年男子）

<父は「まじめに働かない人がああなると言った」。涙が出た>
　前にテレビで、ホームレスの人をやっていて、父が「まじめに働かない人がああなるよ。」と言っていましたが、ほんとうはとてもくろうしていて、少しなみだが出てしまいました。子どものためのしせつがあるから、ホームレスの人のためのしせつもあれば、いいなあと思う。（5年女子）

<お母さんは「近よっちゃだめ」という>
　私はホームレスの人を何回か見たことがあります。お母さんは「見ちゃだめ!　近よっちゃだめよ。」と言います。だからホームレスと言うと少し悪い？というかちょっといやな感じがあります。でも私はホームレスの人を見るたびに、かわいそうだなあとかさむそうだなあと思います。でも、DVDを見て子どもの里の人達は、おにぎりなどの食べ物を夜回りして配っているのを初めて知りました。すず木さんや川口さんも昔は仕事があった人もいるんだなあと思いました。そういう人達は1時間たったの90円の仕事でもがんばってやっていてすごいなあと思いました。そのような人達のために私達でできることがあれば進んでやっていきたいです。そして、ホームレスの人々をきたないとかいやだなあと思わないように、いやなイメージやいじめなどの差別がなくなればいいと思いました。私はときどきあの子やだなあとか思う時があります。でも、北村さんの話をきいてそれは自分がイライラしている時なんだなあと初めて知りました。だからもう、そういう気持ちはもたないようにしようと思いました。今日この話をきいてためになることが色々わかりました。（6年女子）

資料D－2

＜襲撃する人たちの気持ちわかる＞

ホームレスをしゅうげきする人の気持ちがぼくは少しわかる気がします。ぼくは四年生でおにいちゃんが六年生の時、おにいちゃんが少しいじめられていて、家に帰ってからはおにいちゃんをからかったりしました。でもぼくは今五年生で、おにいちゃんのせいで、悪口を言われたと思うと、ちょっとおにいちゃんにひどいことを言ってしまうことがあるので分かる気がします。（5年男子）

＜まだ全部差別はなくならないけど＞

今日まで、私はホームレスの人々のことを、北村さんが言ったみたいに「かわいそう、きたない、こわい」と思っていました。やっぱり、野宿なんてありえないし、服もボロボロで、見た感じいい人と思えなかったからです。話すのはもちろん、顔を合わせるのもいやだったくらいです。でも私ぐらいの子も、ホームレスのおじさんと、楽しそうに話していて、「なんで話せるんだろう」と不思議でした。DVDの中でやっていた、子ども夜回りに参加してみたいと思う反面、やっぱりこわいと思うところもありました。でも見終わって、「ホームレスは気があらくて、何もしてこなかった人たち」と思っていた今までの心が「少しこわいけどやさしい人もいる」というのに変わりました。まだ、全部差別がなくなったわけではないけど、自分の中で少しずつ差別をなくしたいです。今日はありがとうございました。（6年女子）

＜優しい心をもちたい＞

僕はホームレスを見たことがないけど、もし会ったら今日話されたことを思い出して、心のどこかに「大変だろうな」と思う心をとめておきたいです。また、もし声をかけられたら怖がらないで、優しい親切な心を思い出したいと思いました。今日は話を聞いてよかったなと思いました。僕も優しい心を持てるようにしたいです。（5年男子）

＜襲撃する人わかりたくない＞

いつも私が「あ、これほしい！」と言ってなにかを買ってしまうお金。100円くらいって思ってしまうことがあったけど、今日鈴木さんは10時間も働いているのに900円しかもらっていなかった。私はなぜか申し訳ない気持ちになりました。私はいじめってほどすごいものは見たことないし、身近な人が死んでしまうのも見たことありません。なので、襲撃で人が死んでしまったと聞いた時はとてもおどろきました。それよりもっとおどろいたのは、ゴミ箱に人を入れてころがしたりする人がいたことです。どうして他人にそんな、ひどいことをするのか、私にはさっぱり分かりません。そして分かりたくありません。その死んでしまった人はどうして殺されてしまったのかなあと思います。悪いことはなにもしてないし、ストレス解消法はなかったのか、ちゃんと考えてほしかったです。（6年女子）

<すずきさん、がんばってください>

すずきさんへ　ぼくはDVDを見て、すずきさんのことを知りました。すずきさんは、いじめられたりしても、自分がいじめる事はしないなんてすごいと思いました。それにだれもうらまないなんて心の優しい人だなとぼくは思いました。すずきさんはDVDを見るとダンボール集めをしていましたね。31kgも集めたのに190円しかもらえないなんてぼくはかわいそうだと思いました。だけどそうじの仕事ができてぼくもうれしかったです。これからも仕事をがんばってください。これからさむくなりますががんばってください。（6年男子）

<見ている人もいじめているのと同じ>

私はホームレスの人のイメージはこわいや、お金がないなどのイメージがあったりしました。でもDVDを見てぜんぜんこわくはなくていい人だという事が分かりました。すず木さんはエアーガンでうたれたりしたのに、どうしておこったりしないのかなあと思いました。話を聞いていじめられている人をただ見ている人もいじめている事と同じだと分かりました。（5年女子）

<心がパンパンになっています>

じつはぼくの友達も、ぼくのクラスの人にいじめをされています。大好きな友達なのでいつもまもっていますが、そのいじめる人は、やめてくれるでしょうか。もしもやめてくれないのなら、その人は心がどうかしているのかもしれません。もしも次にいじめたら、おさえていた心が爆発してもおかしくないくらいにパンパンになっています。（6年男子）

<「助けない人」に似ている。「助けることができる人」になりたい>

ぼくはいじめるというより「助けない」という人に似ています。ぼくはこのDVDをみてできるだけ、「助けることができる」人になりたいです。そのために、できるだけ、やられている人をしらんぷりせず、「大丈夫？」と声をかけたいです。（5年男子）

<いじめたら自分も傷つく>

ホームレスの人をいじめたら、自分も傷つくと思った。お金がない、仕事がない、家族がいない、っていうのは仕方がないことだと思う。でも、そんな人をいじめるのはやってはいけない。ただ少しふざけ半分に行った行動が人の心を傷つけてしまう。だから北村さんの話を聞いて、やっていいこと、悪いことの判断がこれから区別できると思う。そんなホームレスの人の「夢」とは何なのか知りたいと思った。自分でも知らない場所で人を傷つけているのかもしれない。だからもっと人の気持ちを考えて言葉や行動にしようと思った。（6年男子）

<私のおじいちゃんと同じでやさしい>

私はホームレスをみたことがあります。見て思ったことは「きたない」「こわい」でした。だから、話などなにもしないで見てみぬふりをしました。でも、今日のDVDを見て、私のおじいちゃんと同じくやさしかったり、なぜホームレスになったかを教えてくれたりして、私は生まれつきびんぼうだったから、ホームレスになったのかと思い込んでいたけど、病気でホームレスになったって聞いてびっくりしたし、おかしいと思った。

ホームレスをいじめている人は、自分の心のストレスなどでおかしくなっているから、この人達にストレスを解消させてあげたい。でも人を殺す所までいくのはひどい。(6年女子)

<ぼくもいじめてた>

今日ぼくはこのDVDを見て感じたことは、たくさんありました。ぼくは、4年のころにホームレスの人みたいにいじめを同じ学年の子にやってしまいました。北村さんが言っていたようにいじめをする人に100%責任があると聞いたりして、あのころは、自分自身を好きだと感じていなかったのかと後かいしています。ホームレスの人達は、見たことがあるけどこのDVDを見るまでは、「ホームレスだ、きたねえだろうな」と心の中で思っていました。でも考えてみればあのころの考え方はまちがいだと感じました。その人達だって好きでそんな生活をしているわけではないし、色々な苦労があって本当はいやだったのになってしまったのだろうと思いました。子どもの里の人達に言いたいことは、協力はできないだろうけれどみなさんのしていることは、しゅうげきをする人達と比べれば困った人達を助けていていいことだと思いました。(6年男子)

<いじめる気持ちがわかる。家族も大事にしたい>

私はDVDを見て、高校くらいの人がホームレスの人をしゅうげきしている人の気持ちが少しだけわかるような気がしました。自分はやりたくなくても、友達にさそわれると楽しそうで、やりたくなってしまう気持ちがどうしても、あるようでした。私もいじめにちかいことをしてしまったことがあるけど、今思うとうざいって何だろうなど、たくさん考えていました。年子さんは、私たちと同じ年くらいにお父さんが亡くなったと言っていました。私はイライラするとどこかお母さんやお父さんにあたってしまうことがなんどもあるので、人間いつ亡くなるかわからないので、お父さん、お母さん、おばあちゃんを大切にしたいと思いました。今日は本当にありがとうございました。(6年女子)

資料E－１

中津川市立第２中学の修学旅行のひとこま。野宿者を励ます曲をつくっている支援者に、宿泊先でトークライブを開いてもらった＝５月26日、東京都新宿区西新宿

きょういく特報部2010

ホームレスを考えた

中学生ら 修学旅行で／紙上討論で

貧困問題が深刻になるなか、家がなく路上で暮らす「ホームレス」の人々について教室で取り上げる試みが始まっている。修学旅行で支援団体の夜間巡回活動に加わり、人のつながりを考えた岐阜県中津川市立第2中学校。「ホームレスになるのは自己責任か」をテーマに考えた神奈川県小田原市立白山中学校。ふたつの取り組みをみた。（編集委員・氏岡真弓）

無関心を越え いじめとも重ねて

5月末の夜7時過ぎ、雨の音が響く東京都庁の広場。横たわるホームレスの一人ひとりに、しゃがんで声をかける中学生の姿があった。中津川市立第2中の3年生たちだ。

支援団体の人に付き添われ、「こ、こんばんは」。ためらいながら話しかけると「なんでここにいるか聞いてくれよっ」。笑顔で言葉が返ってきて、硬かった生徒の表情がほどけた。

この日、生徒らは行政の自立支援センターやNPOを回り、ホテルで支援者や野宿経験者の話を聴いた。

取り組みの出発点は2年前。修学旅行の行き先が、旅費と移動時間を抑えるため長崎から東京に変わったことだった。

当時1年の学年主任だった岩川太郎先生(47)は考えた。首都の光だけでなく影も見つめさせたい。「親の給料が減って塾に行けない」「父親の工場が閉鎖された」。そんなことを口にする生徒たちにとって、貧しさは身近な問題だ。貧困、その極みのホームレス問題をテーマに決めた。

今年1月、NPOスタッフや教師らからなる「ホームレス問題の授業づくり全国ネット」がつくったDVDを生徒に見せた。なぜ路上生活に至ったか語る当事者の姿を映し、夜回りに加わる大阪の子どもの活動を描く内容だ。

生徒は路上生活者を「顔の見える人」として意識し始めた。「缶を集めても少ししかお金をもらえない。上から目線だと思うけど、かわいそう」「見た目だけで決めつけるのはよくない」

感想文の一部を岩川先生が同ネットのメーリングリストで紹介すると、ネットの共同代表でライターの北村年子さんから手紙が届いた。「ホームレスとは安心できる居場所のない状態を指す言葉です。教室の中でいじめられている人もそう。最大の暴力は、その人々への『無関心』であると思っています」

子どもらはホームレスをいじめと重ね、自分自身に向けられた問題だと受けとめるようになる。傍観や無関心を越え、人と人はどうつながるのか。3月、修学旅行時にホームレスの人たちを訪ねる「夜回り」の参加者を募ったところ、147人中42人が手を挙げた。支援団体の受け入れ限度は30人。「家がない人の心に土足で入り込むようなことがあってはいけないんだよ」。やる以上は軽い気持ちではだめ、といさめたつもりだったが、再度希望をとると逆に100人に増えた。抽選で30人を選んで5月の旅行に臨んだ。

旅から帰った6月、生徒たちは思いをつづった。「夜回り」中、通行人から避けるような目で見られた女子は「前の私も同じような目をしていたのかもしれない」。「他の場所を観光したい」と夜回りに参加しなかった男子は「頑張って支援する人がいるのに、自分だけ無関心は嫌だと思いました」。「人間を訪ねた旅だから心が揺さぶられたと思う」と岩川先生は話す。

自己責任と思うか？ 揺れる生徒

小田原市立白山中ではホームレス問題について2年生の生徒が思いを書き、互いに読み合う取り組みを進めた。

担当したのは柏木修先生(56)。昨年末に「ホームレス問題の授業づくり全国ネット」のDVDを見せたところ、こんな感想を書いた子がいた。「計画的に生活していなくて失敗してしまったのに、とムカついてしまった。汚いと思うキモチはぬぐえなかった」

柏木先生はこの文を「A」とし、別の生徒が書いた「だらしないからホームレスになると思っていました。でも頑張っている人もなったのかと悲しいです。支援活動に参加してみたい」という逆の内容の文章を「B」とした。そして、A、Bそれぞれの意見をどう思うか考え、書いてみる授業を始めた。

まず噴き出したのがAに近い意見だった。「ホームレスって働く気を失って頑張って努力をしない人。手助けするのは甘やかしている」「中学・高校・大学と努力しなかった人がなっていると思う。自業自得と思う」

「A」派は、家が豊かでなく親が苦労しているのを見ている子や、「頑張ってよい成績をとっている自分が野宿者になるようなことはない」と思っている子が目立ったという。

これに対し、「B」の立場から反論が起きた。「不況なのでだれでもホームレスになる時代」「貧乏な家で育ち高校や大学に行けなかった人もいる」「死にそうなのに、何で助けることがいけないの？」

「紙上討論」を2度、3度と重ねると、B派が膨らんでいった。しかし「どちらとも言えない」という生徒も出てきた。「Aはひどいが、実際に野宿者を前にしたとき、私は手助けできるだろうか」と両方の考えに距離を置く子。「Aと同じように思う。でもBのように同じ人間だから助け合わないとと思う」と両方にうなずく子。自分を見つめ、真剣に考えた結果だと先生は受け止めた。

国語を教える柏木先生は4月、朝日歌壇のホームレス歌人、公田耕一さんの短歌を読んだ。炊き出しの会の日程を知らせると数人が参加した。

そして6月、ホームレスの人をどう思うかを400字以内で書くよう求め、試験の作文の課題とした。「必ずしも自己責任と思わない」という立場の子が7割を占め、「自己責任」派は2割近く、「どちらとも言えない」などが1割だった。

6月末、試験明けの授業で柏木先生は初めて自分の意見を話した。「テストで点が低く、頑張らなかった人は生きる権利がないのか。僕はそうは思わない」「炊き出しは、食べ物を渡すだけでなく、困ったときは助けるよという気持ちを伝えることに意味がある」。そしてこれまで書いた文を一人ひとりに返した。「自分は最初はどう考えていたのか」。生徒たちは感慨深そうに振り返ったという。

◇

両中学が活用したDVDのタイトルは「『ホームレス』と出会う子どもたち」。一般価格2800円。注文は、名前、住所、電話、メールアドレス、本数を書き、メールで「ホームレス問題の授業づくり全国ネット」(net@class-homeless.sakura.ne.jp)へ。

授業でホームレス歌人の公田耕一さんの短歌を取り上げた柏木修先生＝4月21日、神奈川県小田原市扇町の市立白山中学

過去2回、修学旅行で野宿者問題のフィールドワークに取りくんだ岐阜・中津川市立第二中学校は、2010年に東京・新宿を訪れ夜まわりに参加した。

この新聞記事はそのときのもの。翌年（2011年）には大阪・釜ヶ崎を訪問。

出典／朝日新聞2010.07.18付（きょういく特報部2010）
ホームレスを考えた　中学生ら修学旅行で／紙上討論で

中学生へ

生きてくれてありがとう——襲撃・いじめをなくすために

北村 年子 きたむら としこ
ホームレス問題の授業づくり全国ネット（ＨＣネット）代表理事
フリージャーナリスト

※本講演は、都内の中学校にて、3年生を対象に行なわれた。
生徒の感想文の一部は、資料C（132 〜 135ページ）に掲載。

聞きたい人の権利を守ってね

お待たせしました。みなさん、こんにちは。おとなしいね。もう一回聞いてみようかな。こんにちはー。あ、だいぶん声が大きくなってきた。こんにちはー！　わあ、いいなぁ。○○中、元気がありますね。ありがとう。

みなさん、おととい、高校の入試発表だったんですね？　お疲れさまでした。いろいろ大変なこともあったかと思いますけれども、ここまでよくやりましたね。ごくろうさまでした。

そんな大変なひと仕事をおえたなか、今日はここに集まってくれてどうもありがとう。

いま、ちょっとおしゃべりしている人がいるんやけどね。楽しそうやね、何の話をしてるんかな？　聞かせて。あ、そう、わたしが関西弁やから？　おかしいの？　おおきに(笑)。

これから自己紹介するから、ちょっと聞いてくれる？　ありがとう。うれしいです。みんなもね、やりたいことあると思う。こんないい天気だからサッカーしたいわ、とかいろいろあるかもしれへん。こんな寒いのに体育館に集められて、これから90分、ホームレス問題の講演？　なんやそれって思ってるかもしれないね。

けどね、今日、みんなにこれから見てもらうDVDも、わたしがみんなに伝えようとしてることも、もう一生で二度と聞けないような話かもしれない。自分がこれから生きていく人生のなかで、こんなことを学んだりする機会はめったにないかもしれない。だから、いまやりたいことがある人の権利も守りたいけど、一生懸命こちらを見て聞いてくれている人もいるよね、その聞きたい人の権利を邪魔しないでほしいんです。どうしても眠い人、午前中ずっとがんばってきて、お昼食べておなかもふくれてウトウトする、っていう人は、生理現象だからしょうがない。眠る権利もある。けど、聞いている人がいるのに、横でぺちゃくちゃうるさくしたり、うしろから髪の毛ひっぱったり、ほかの人の権利を邪魔するのはやめてほしい。せっかく、わたしとみんなに与えられた一期一会の貴重な時間を妨害しないでほしい。そのことを約束してほしいんです。ムリ、約束できへんという人は、いまここで手をあげて教えてください。自分で選んで、自己表明してください。みんなには、堂々と自分の意見をいう権利がある。で、わたしも聞いてほしいことをいう権利がある。だから話しあいましょう。いっしょに、対等に。はい、ちょっと時間とって待ちますので、考えてください……。

はい、ありがとう。そしたら、「ぼくは、わたしは、約束できない。この90分にもっとほかにしたいことがある」という人は？　いませんか。……。じゃあ選んでくれたと思っていいですか。まあしゃあないな、話聞いたろかって？　ありがとう。安心しました。ここにいてくれてありがとう。みんなのことを信じます。

じゃあ、はじめます。

「このままじゃ生きジゴクになっちゃうよ」

DVD 教材DVD『「ホームレス」と出会う子どもたち』↓215ページ参照

話し方がおもしろいなぁといわれたんですが、わたし、べつに大阪から来たわけじゃないんです。わたしは滋賀県生まれの京都育ちで関西人ではありますが、19歳のときに、京都の大学をやめて東京に出てきて、もうかれこれ30年近くになります。息子がひとりいますが、いま18歳。みんなとあんまり年、変わらないね。

じつは、みなさんが生まれたころ、1995年に「**大阪・道頓堀川『ホームレス』襲撃事件**」がありました。わたしは「ホームレス」を襲ってしまった子どもたちの取材をこれまで重ねてきました。そして2009年、これまで20年間の取材をまとめた本（『**ホームレス」襲撃事件と子どもたち――いじめの連鎖を断つために**』）を書きました。今日はみんなにその話を聞いてほしいと思います。

ホームレスの人、弱く無抵抗の人を攻撃するということは、学校で起こるいじめとまったく同じ、同質の問題です。

わたしはいろんな子どもの事件を取材してきましたが、みんなが生まれるずっと前、1986年に、いじめを苦に自殺した中学生、鹿川裕史くんという男の子の事件を取材したのが最初でした。わたしは、まだ23歳でした。

いじめられていじめられて「このままじゃ生きジゴクになっちゃうよ」と、こんなつらい毎日はいやだ、もう学校には行きたくないと、鹿川くんはある日、おばあちゃんのいる東北の岩手まで家出しました。でも、鹿川くんはおばあちゃんに会わないまま、盛岡駅の駅ビルの地下のトイレで、自分で首をつって、亡くなりました。

学校のなかでいま､死にたくなるほどのつらいことが起こっている。１９８６年2月1日､鹿川くんの死は、はじめて世の中に教えてくれました。中学生たちがいま、どれだけ追いつめられているのか。学校は楽しくて、平和で、安全で、安心な場所であるべきはずなのに、なんで死にたくなるほど苦しまなあかんのか。鹿川くんは命がけで最後に、抗議の訴えを残して死んでいます。

「葬式ごっこ」といういじめ

鹿川くんは3月生まれでした。命を絶ったのは14歳になる直前。だから中学2年生といっても、13歳でした。彼はじゃんけんで負けると裸にされたり、木の上に登らされたり、顔にサインペンでらくがきされたり。たぶんいちばんつらかったのは「葬式ごっこ」といういじめだと思います。「おい、鹿川が死んだことにしようぜ」ってある男子が言いだし、「鹿川君へ　さようなら」と書いた色紙をクラスじゅうにまわして、鹿川くんへの別れの言葉をみんなが書いた。色紙のよせがきには「バーカ」「いなくなってよかった」「バンザーイ」「ざまあみろ」「つかわれるやつがいなくなってさびしーよ」「ばいばい」……。

そのなかには4人の先生も書いていました。担任の先生も書いていました。「さようなら」「やすらかに」。先生は、「なんでこんな色紙を書いたんですか」と問われたときに、いじめっ子の生徒たちが、「先生、ドッキリだから」「劇に使うから」というので、つい書いてしまったといっています。鹿川くんはな

大阪・道頓堀川『ホームレス』襲撃事件　↓196ページ参照

『「ホームレス」襲撃事件と子どもたち――いじめの連鎖を断つために』　↓69ページ参照

ぐったりけったりもされていましたけど、死に追いつめられるほど、もっとつらいのは心を壊されることです。心をぼろぼろにされること。その葬式ごっこでは、だれも鹿川くんの首をしめてはいない、血が出るようなことにはなっていない。けれど、クラス41人のうち、男子全員と女子のほとんど、あわせて30人が書きました。ほかのクラスの男子8人も書きました。クラスで拒否したのは、ほんの数人の女子だけでした。41人のなかで「わたしはこんなことはしたくない」「いじめに加わりたくない」。そう思ってみずからノーを選んで、書かないことを選んだ人たちです。でも、それ以外の人たちはみんな書いた。そのなかには、本当は書きたくなかった人もいました。けれど、いじめっ子たちに「なんで書けねえんだ」と胸ぐらつかまれておどされた子もいた。いじめを止めたら、次に自分がやられる。そう思って書かずにはいられなかったと、鹿川くんの同級生たちは証言しています。

生まれていきなり中学2年生の彼らの関係がはじまったわけじゃない。幼稚園、小学校からいっしょだった同級生もたくさんいた。幼なじみで、小さいころから遊んできた友だちも「葬式ごっこ」に参加した。「いい思い出ありがとう」「君はいいやつだったね」「さよなら」「やすらかにねむれ」。こんな言葉を幼なじみに書かれたら、鹿川くんはどんな気持ちだったでしょう。

いじめはいじめっ子がいて、なぐったりけったりする人がいるから、いじめになるんじゃない。それを

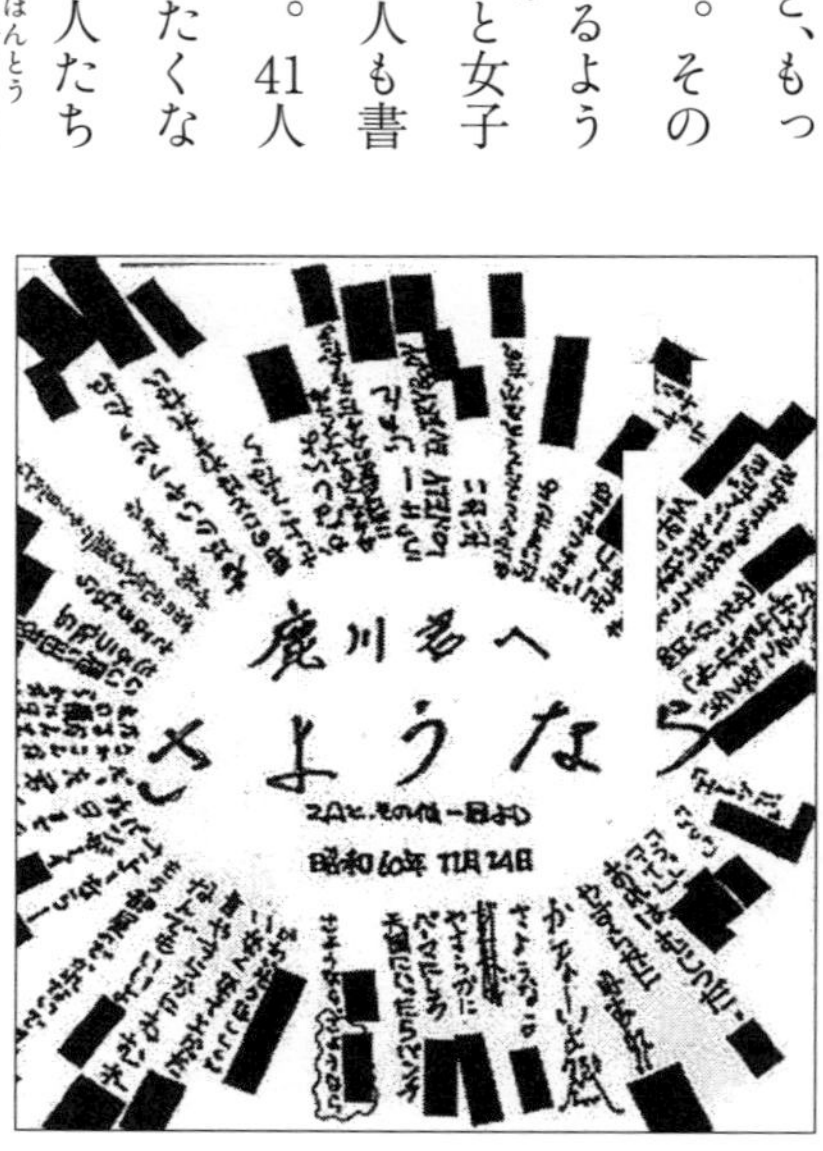

「葬式ごっこ」で使われた色紙

はやしたてる観客がいます。もっとやれとおもしろがる人たち。そして、そのもっと外側にはたくさんの傍観者がいます。見て見ぬふりをしている人たち。あの子、いじめられてるなぁ、かわいそうだなぁと思いながら止められない。止める勇気がもてない。

でもね、わたしはそれを、いじめられてる子のために止めなさいといいに来たんじゃない。自分のためなんです。この色紙にいやいやながら書いて署名した子、「だいすきよ」「ありがとう」という言葉を書いた子もいますよ。でも、いじめに加担した。この子たちが8年後、16年後、そしてもう24年もたちました。いまなお、自分を責めているでしょう。あのときなんで止められなかったのか。「やめようよ」とひと言、いえていれば鹿川くんは死なずにすんだかもしれない。その後悔は彼らを10年たっても20年たっても苦しめています。傍観者の人たちも罪悪感をかかえています。彼らはいま、14歳から24年たって38歳になりました。もう小学生や中学生の親になる年です。彼らは、人生がこれで変わったといってます。先生たちも人生が変わった。

中学2年生の命がけの抗議

みなさんが生まれるずっと前に中学2年生だった男の子、鹿川くんが、死の直前に命がけで訴えたことを聞いてもらえますか。

うん、ありがとう。

じゃあ、鹿川くんの遺書を読みます。

家の人　そして友達へ
突然姿を消して申し訳ありません
(原因について)くわしい事についてはAとかBとかにきけばわかると思う
俺だってまだ死にたくない。だけどこのままじゃ「生きジゴク」になっちゃうよ　ただ俺が死んだからって他のヤツが犠牲になったんじゃいみないじゃないか　だからもう君達もバカな事をするのはやめてくれ　最後のお願いだ。

昭和六十一年二月一日　　鹿川裕史

※遺書中のルビは編集部による。「犠性」は原文ママ。

このAとかBとか、という部分には、鹿川くんをいじめていた子の実名が書かれていました。だけど、いじめていた子にも人権があります。新聞記事や報道では名前は伏せられました。AくんBくんも、まさか鹿川くんが本当に死んでしまうとは夢にも思ってなかっただろうと思います。いじめるほうは軽い気持ちで、おもしろ半分でやっている。けど、それがどれだけ重い、罪ぶかいことになるか、鹿川くんはどんな気持ちでこの遺書を書いたでしょう。

鹿川くんはこの日、学校に行かないで、盛岡まで家出しました。亡くなった駅ビルのトイレに、鹿川くんがもっていた一冊の本がありました。ビートたけしのお笑いの本。死ぬ前に、本屋さんで買ったみたいです。当時のビートたけしはお笑いブームの絶頂期で「コマネチ！」とか、ギャグをやってみんなを笑わせていました。この話をほかの中学でしたとき、「やっぱり鹿川くんは死にたくなかったんだと思う」と、話してくれた子がいたの。「たけしの本を買ったのは、笑いたかったからじゃないかな。鹿川くんはやっぱり死にたくなくて、生きるために笑いたかったんじゃないかな」って。すごいなぁと思う。中学生の気持ちは、中学生のあなたたちがいちばんよくわかる。大人のわたしよりも先生たちよりも、きみたちのほうがわかっている。何が苦しいか、何がつらいか。だからいちばんわかりあえる仲間になれるはずです。いじめられてる子も、いじめてる子も、きっとつらい子どもたちだと思います。

鹿川くんが本当に亡くなって、お葬式が現実になってしまって、クラスじゅうのみんなが後悔しました。色紙に署名した人はもう消すことができない。自分を責めたでしょう。あれから24年たって38歳になっても、その中学校の、鹿川くんのクラスの同級生たちは、卒業してからも同窓会をしてないそうです。そんな中学時代、哀しいね。

みんなもうすぐ卒業式でしょう？　この中学校にいた思い出、楽しいことばかりじゃなかったとしても、自分をほめて、自分を好きと思って、誇らしく卒業してほしい。みんなまた会おうなと笑っていえるようになるために、いじめをこの学校からなくしてほしいと思ってます。学校のためじゃない、自分のためにです。自分を愛して、肯定して、自信をもって生きていけるためにです。

「ホームレス」襲撃は、路上のいじめ

さあ、ここから「ホームレス」襲撃の話をします。中高生や若い人たちが、ホームレスの人を襲って暴行する事件があとをたちません。この学校のすぐ近くでも起こりました。その襲撃事件のことは、校長先生からお話があって、みんなもう知っていますね。

みなさんは、「ホームレス」にどんなイメージをもっていますか。

ホームレスの人は「なまけてる」「きたない」「くさい」「がんばっていない」「あまえてる」「逃げている」。そんなふうに思ってるかもしれない。だから、今日は、ＤＶＤをもってきました。『「ホームレス」と出会う子どもたち』という映画です。これを見てもらえば、ホームレスの人が、どんなくらしをしているか、事実がわかるから。

じつは、「ホームレス」を襲う子どもたちは、暴走族にいた子や、しんどい子もいれば、学校では生徒会をやってるような子、運動部の部長をやってたり、人権標語コンクールで優勝した子もいた。そんな子がいじめをやっています。「ホームレス」襲撃は、路上のいじめだからね。

なぜか。どんなときにいじめたくなるのか。ストレス。イライラ、ムカムカ。どうにもおさえられない自分の怒りや、ムカツキ、イラつきを、弱いところへ、出しやすいところにぶつけてしまう。

教室のなかでいじめをしない子が、お母さんに「塾、行ってきまーす」といいながら、その行き帰りに公園で寝ている「ホームレス」を見て、「あいつら、なんでがんばって働かないんだ！　おれたちこん

なに毎日がんばってるのに、許せない、ムカつく！」。そんな気持ちから、偏差値の高いエリート校の高校生が、石を投げたりもしています。試験明けにストレス発散して、花火をうちこんだり。エアガンでうったりする中高生もいます。

だから、貧困か裕福か、成績がいいか悪いか、関係ない。いじめの心はだれにでもあります。弱く出しやすいところに自分のイラだちをぶつける。それは子どもたちからはじまったんじゃない。まず、大人たちがやっています。

お父さん、お母さんもイライラしても、となりの家の子をたたいたりはしない、となりのおじさんに文句いいには行かない。いちばんかわいいはずのわが子に「なに遊んでなまけてる！」「もっとがんばって勉強しなさい！」「逃げるな、あまえるな！」と、どなったり、否定したり、暴力をふるうこともある。わたしはお母さんたちの講座を長年やってるけど「このなかで子どもに一度も手を上げたことがない人、暴力をふるったことのない人いますか」と聞くと、ほとんどの親がノーです。しつけだと思いながら、暴力をふるっている。でもそれも、いじめと同じです。

わたしもえらそうなことはいえません。わたしも息子が小さいときに、イライラッとなって手を上げてしまったことがありました。そのたびに自己嫌悪におちいりました。「どうして、こんなことしてしまったんだろう」と、自分がいやになりました。多くの暴力の加害者がそうです。だれかを痛めつけて、傷つけて、「ああ、自分っていいな、大好き」と本当に自分を肯定できる〝**自尊感情**〟は高まるわけがないんです。

「ホームレス」は人をさす言葉ではない

このあとDVDを見てもらいますが、まずホームレスの「現実」を知ってください。そして、本当に自分と無関係の人なのか、本当になまけている、価値のない、役立たずなのか。ぜひ自分の目でたしかめてください。

ひとつ説明しておきます。「ホームレス」という言葉を、この国のほとんどの大人はまちがって子どもたちに教えているし、使っています。「ホームレス」というのは人をさす言葉ではありません。状態をさす言葉です。英語でいうと、“home”が“less”、つまり「ホームがない状態」を表わします。だから、「ホームレスさん」という使い方はしないんですね。人を表わすときは、英語ではピープルをつけて、“homeless people”といいます。つまり、ホームがない状態にある人々、ということです。

何がいいたいかというと、状態をさす言葉ですから、生まれながらに「ホームレス」さんという人や、人種がいるわけじゃない。最初から家がなかったわけじゃない。最初から野宿してたわけじゃない。みんな、もとは生まれた家があり、生んでくれたお母さんがいて、ホームがあったはず。だけど、いろんな理由で状況が変わり、ホームレス状態になったということです。

たとえば『ホームレス中学生』の場合

お笑い芸人の「麒麟」の田村裕さん、知ってますか？ **『ホームレス中学生』**っていう本を書いていますね。ドラマや映画、漫画でも、見たことある人は？　けっこういますね。田村さんには、お父さん、お母さん、お兄ちゃん、お姉ちゃん、という家族がいました。お父さんは企業に勤めるサラリーマンで、りっぱなマイホームもあった。それが、田村さんが10歳のときに、お母さんがガンになってしまった。お父さんはやさしかったのね、お母さんの余命あとわずかと聞いて、つきっきりで一生懸命、看病してはった。有給休暇を使って会社を休んで、病院へ行ってお母さんにつきそって、夜は子どもの夕飯つくって洗たくして。でもお母さんの容態はどんどん悪くなって、亡くなってしまう。それからさらなる不幸がお父さんを襲います。妻を亡くした2週間後に、自分のお母さんを亡くした。さらに今度は不運にも、お父さんもガンになってしまった。

路上にいたる階段があるんですけれども、段々なんです。いきなり路上に落ちるわけじゃない。だんだん落ちていく。

もともとは、家があった。仕事もあった。でもある日、お母さんがガンになった。今度はまたお父さんがガンになった。すぐにお父さんは手術して一命はとりとめたけど、入院している間に会社をクビになってしまった。ほんまに無収入になった。で、精神的にも肉体的にも弱りきって、追いつめられたお父さんは借金をします。最初は少しずつ借りてたけど、どんどん雪だるま式に利息が増えていって、サ

自尊感情　↓65ページ参照
『ホームレス中学生』　2007年8月にワニブックスから出版され、222万部ものベストセラーになった「麒麟」田村裕の自叙伝。のちに同社より児童書版も出版されている。　↓187ページ参照
路上にいたる階段　↓56ページ参照

ラ金に手を出した。そして、気がついたら家を借金のかたにとられてしまいました。田村少年はそのとき中学2年生。ある日、中学校から帰ってきたら、家のマンションの入口に自分ちの家具が出されている。借金とりが来てた。で、家に入ろうと思っても、ドアには「差し押さえ」と書かれたテープがはられていて、もう入れなくなっていた。えっ！　しょうがないからうずくまって待ってたら、お姉ちゃん、お兄ちゃんも帰ってきた。

とにかく「お父さんの帰りを待とう」と。で、やっとお父さん帰ってきたんですが、子どもたちの前で「厳しいとは思いますが、これからはおのおのがんばって生きてください……解散！」と宣言して、どこかに逃げてしまわはったらしい。ウソみたいな、でもほんまの話やとか。とにかくお父さんが蒸発したことはたしかです。それで、その日から彼はしょうがなく、公園の、すべり台がとぐろを巻いていたことから「まきふん公園」とよばれていた公園のなかで寝ます。

高校生のお姉ちゃんは女の子だし、ひとりではあぶないからと、大学生のお兄ちゃんとべつの公園で寝るようになります。３人のきょうだいは、ホームレス中学生、ホームレス高校生、ホームレス大学生。ホームレスな状態の中学生、高校生、大学生になりました。彼らはもともと「ホームレス」さんという人種だったわけじゃない。

野宿している人みんな、田村さんのように、やむにやまれぬ事情があります。仕事をしていたのに、いまも働きたいのに、仕事がない。

だれもが「ホームレス」になる可能性はある

いま、大学を出た人たちも、わたしのまわりの若い子たち、たくさんの人が、就職先がないといっています。**いす取りゲーム**ですね。10人いるところに、いすが10個あれば10人みんな座れます。でも、たった3個しかいすがなかったら。いくら10人みんなが努力しても、大学出ようが勉強しようが資格取ろうが、3つしかいすがなかったら、どうしたって7人がはじき飛ばされる。そういう仕方のない現状がいま、蔓延しています。それは個人の努力ではどうしようもない、社会的な仕組の問題なんです。**リーマン・ショック**だの、**派遣切り**だの、年末からの炊きだし、**年越し派遣村**とか、みんなも報道で知ってると思います。ひとごとじゃない。だれにだって起こりえることです。女の人は結婚して、さあ、これでわたしは主婦になって安心と思ってても、夫が突然リストラにあう、再就職できない、ローンが払えない。ありえます。

そのときにまだ若くて力があればいいですが、女性は、子どもがいたらまず雇ってくれない。いま、男の人たちは**非正規雇用**やら派遣切りやらにあって不当やなんやと大騒ぎしてますが、そんなこと女の人

いす取りゲーム　↓44ページ参照
リーマン・ショック　↓59ページ参照
派遣切り　企業が経営悪化などを理由に派遣契約を一方的に打ち切り、派遣社員が職を失うこと。
年越し派遣村　↓83ページ参照
非正規雇用　↓18ページ参照

たちはとうの昔から経験してました。女性はほとんどパートばっかり。正社員になれない。なれても妊娠・出産でやめさせられる。だから「公務員になれ」「先生になれ」といわれる。結婚しても、子ども産んでも、一生つづけられるような安定した仕事なんて、なかなかありません。わたしは子どもを産んだらどうせ会社にいられないのはわかっていたから、24歳で決心してフリーランスになりました。出版社の編集職をやめて、一生働いていくつもりでフリーランスになりました。

みんなの人生はこれからです。でも、だれにだって、一生懸命がんばっていたって、思わぬアクシデントで人生の階段をころげ落ちることはあるということを、このDVDに出てくるたくさんの野宿者の方は身をもって教えてくれます。そして、いったん路上に落ちたならば、落ちるときは段々だったけど、もといたところ、家があり仕事があり、あったかいホームがある生活に戻ろうとしたら、今度は高くけわしい一段の絶壁になっている、のぼりたくても自分ひとりの力ではとてものぼりきれないという困難さが待ちうけています。

それはなんでか。必死で仕事さがして、働けばいいじゃないかと、みんな簡単にいう。でもね、野宿生活になると定住所がない。定住所がなかったらどこの面接を受けたって雇ってもらえないんです。それなら、アパート借りようと思って不動産屋さんに行く。管理人さんや大家さんに会う。ダメ。定職がない人に家は貸せない。つまり定職がなければ定住所がもてない、定住所がなければ定職がもてない。知ってた？　このどうしようもないスパイラル、ハツカネズミがクルクルクルクル同じところをまわるしかないみたいに路上からなかなか抜けだせなくなる。だから、家を失い、職を失うということは、もとの生活に戻ることがどれだけ大変か。それは失ってはじめて、体験してほんとに思い知ることなんですね。

じつはわたしもうんと小さいころ「ホームレス」になったことがあります。わたしのお父さん、お母さんも「ホームレス」になったことがあります。お父さんは材木会社をやってたけど失敗して蒸発してたことがあります。田村さんと同じように、家を借金とりに取られて、母は実家に帰るしかなかった。私はおばあちゃんに預けられました。もうこの子は施設に入れるか里子に出すしかないかなと、親せきで相談されたこともありました。

わたしがいまあるのは、お父さんお母さんがいなくなっても「ホームレス」になっても助けてくれる人がいたからです。田村きょうだいたちも、近所の人たちや同級生のお母さんが「うち、泊まりにおいで」「おふろ入り」「ここのアパートの大家さんならわかってくれる」「わたしたちが保証人になってあげる」、そうやって、近所のやさしい人たち、地域の人のつながりのなかでもとの生活に戻っていけました。

最大の暴力は無関心

今日のDVDにも、階段から落ちて、路上生活になってしまった人、だけどやり直したい、働きたいという人たちが出てきます。その人たちがまたもう一度、この高くけわしい壁をのぼっていけるように階段をつくって、**段差を小さくしていく**。これが「支援」ですね。生活保護の申請を手伝うことや、ケースワーカーさんに相談すること、定住所がもてるように保証人や仕事を紹介すること。いす取りゲーム

の3個しかないいすを10個、１００個と増やせるように、行政もきちんと考え、仕事をつくりだすこと。そして、わたしたちにできることは？　まず、関心をもつこと。無視しないこと。最大の暴力、最大のいじめは、無関心です。

なぐったりけったり、集団で襲撃することはもちろん許されない暴力です。だけど、その人たちだけが悪いんじゃない。「ホームレスなんて社会のゴミだ」「クズだ」「役立たずだ」。何が彼らにそう思わせたのか。だれがまず差別してきたのか。

お母さんは、「ホームレスと目を合わせちゃダメよ」「危険だから近よっちゃダメ」と、手をひいて通りすぎていく。お父さんは「なまけてきて努力しなかったから自業自得だ。ああならないように、おまえはしっかり勉強しろ」と教えている。そんな大人たちの偏見があります。襲撃事件をなくすためには、そんな子どもたちの差別の意識をつくっている、大人たちの認識、社会の意識のほうが変わらなくてはいけないんです。

さあ、それではＤＶＤを見てください。30分ありますが、じっくり向きあってみてください。ホームレスの人たちがどんなくらしをしていたか。いろんなおじさんと子どもたちが出てきますが、どんな会話をしてたか。気になる会話や場面をおぼえながら見てくれるとうれしいです。じゃあ、30分後に会いましょう。

教材ＤＶＤ『「ホームレス」と出会う子どもたち』本編30分 上映

感想文が教えてくれたこと

ありがとうございました。さあ、みなさん、いかがでしたか？

ホームレスの人たちの生活の実態をわかっていただけたでしょうか。よくわからなかったところはなかったでしょうか。どんなところが印象に残りましたか？「若い人たちがホームレスの人を助けていたところ」。なるほど。若い人たちって、きみらよりずっと若い人たちだね。小学生の子もいました。

さっきもちょっといったように、わたしもはじめは無知でした。べつに石を投げたり、つばをかけたり、そんな差別的なことはしなかったけど、やっぱり無知な若者のひとりでした。だから、28歳ではじめて釜ヶ崎へ行って夜まわりに参加したとき、自分が恥ずかしくなりました。そして大事なことをぜんぶ、野宿のおじさんと子どもたちに教えてもらいました。

「わたしらも昔はおっちゃんらを差別してた。石を投げたり、爆竹うちこんだり。自分の住んでる釜ヶ崎が、きたない、こわい街って差別されるのも、あんな酔っぱらって道に寝てるおっちゃんらがいるからや、ごろごろなまけてる野宿者がいるからやと思ってた。でも夜まわりして学習会で勉強するようになって、わかったんや。おっちゃんらは好きで野宿しているわけではない。みんな働きたいと思ってる。けがや病気してて仕事なくても、必死で生きようとしてる。野宿してるんは、おっちゃんが悪いんやな

段差を小さくしていく　↓50ページ参照

い。おっちゃんたちをそうさせてるもののほうが悪いんや」
夜まわりをしてそう気づいたと、高校生の女の子が教えてくれました。

みなさん、どんなことが心に残ったでしょうか。あとでぜひみんなの感想を聞かせてもらえたらうれしいです。いま、小学校、中学校、高校、大学、いろんな学校でこのDVDを見てもらってますが、たくさん感想をいただいています。

とくに、DVDに出てくる野宿者の鈴木安造さんへの感想が多いです。「私は鈴木さんのような人を尊敬しています。どんなにつらいことがあっても、いやなことがあっても、絶対に、人をうらまないということがとてもすごいと思いました。鈴木さんは『死んだらなにもならない』と言っていました。どんなにつらくても死んではいけない。私はつらいことがあっても鈴木さんのように、人をうらまず生きていきたいと思いました」（小学6年・女子）

じつは、自分もいじめられていたと、告白してくれる子もたくさんいます。いじめていた人たちを許すことなんかできない。なのにどうして鈴木さんは、「襲撃されても、恨みはせえへん」なんていえるのか、どうしてそんなに心が広いのか、と。そんな声がありました。「ぼくだったら相手をぶっ殺してやりたい。でも、そんなこと思ってた自分が恥ずかしくなりました。ぼくもいつか鈴木さんのような、ほんとうの強さをもった大きな人間になりたいです」。そんな感想文がたくさん届くので、つい先日、釜ヶ崎に行って鈴木さんに会って、わたしてきました。

夜まわりしてる子どもたちが「鈴木さんが動物園の入口前に寝てはった」というのを教えてくれてね。

みんな大ファンですから、「鈴木さーん」と路上でも大人気だったそうです。でもそのあと、あまりの寒さで体調をくずして緊急保護施設に入られました。そこに面会に行ってきました。

いろんな小学生、中学生の感想文を見せたら、もう感激されて、涙をポロポロ流して、「ありがとう、ありがとう。うれしいなあ。いい映画作ってくれてありがとう」といってくれはりました。この子どもたちの作文がすごくうれしい。何より励みになる、力づけられる、とおっしゃっていました。

もう無関心ではいられない

どんなことが印象に残ったか。商店街で鈴木さんが段ボールを集めていたときの場面をとらえて、ある女子高校生はこんな感想を伝えてくれました。

「商店街で、鈴木さんが段ボールを落として、一生懸命、ひろい集めているとき……、こまっている鈴木さんのよこを、知らん顔して通りすぎていく通行人たち。声をかけようとも助けようともしない、無関心な人たち。その姿は、きのうまでの私自身でした」

つまりこの子は、もう今日からは無関心な自分ではいられなくなったということを宣言してくれたんだと思います。まだ、声はかけられない、夜まわりはできないかもしれない、自分に何ができるかわからない。でも、気にしていますよ、案じてますよ、応援してますよ、そんな気持ちをもちはじめた。そしてもしも、鈴木さんが暴行されているところを見たら、けっして見て見ぬふりはできない。そんな仲間のひとりになってくれた。

そして、ＤＶＤのなかに出てきた中学生のマイカさんが「襲撃する子の気持ち、わかっちゃいけないんだけど、わたしもちょっとわかるような気がする」といってましたね。みんなはどうですか？　わかる気がしますか？　みんなのなかには人をいじめたくなるときはないですか？　いじめたい気持ちになるときはないですか？

いままで、だれも一度も人を傷つけたことない、イラだちをぶつけたことない、そんな人はなかなかいないいんじゃないかなぁと思います。いたらすごいなぁと思います。

暴力は、つらい心の叫び

大阪のある女の子、中学2年生の子はこんなことを書いていました。

「花火をうちこんだり、けったりなぐったりすることは、ひどいことだと思いました。でも、私も、今も、ずっと思います。その子たちと同じで、人を傷つけなければ、自分の生き場所がないとずっと思っています。親にも自分のことを認めてもらえず、家でもずっと一人。とてもつらい。それで、人を傷つけてしまったことが、たくさんあります。今でもそうです。自分がまるで、この世に必要とされていない存在と、今でも思う。で、毎日、自分で自分を苦しめている。でも、どうしようもない……。自殺しようと思ったこともありました」

それでもこの子は生きててくれて、わたしの仲間の生田武志さんの講演を聞いて、子ども夜まわりにも来てくれました。生きてさえいてくれればいい。そして大事なことは、人を傷つけてしまうとき、だれかに石をぶつけてしまうとき、心の底にはきっとこの女の子のように、だれからも認めてもらえない、自分はこの世で必要とされていない存在だと思う、つらい、苦しい気持ちがあるんじゃないか、ということです。そのつらさを受けとめ、わかってくれる人がいたら、暴力は止められるとわたしは思っています。

「いじめは暴力だ。やめなさい！」。禁止されても、暴力はけっしてなくなりません。

「襲撃はぜったいいけない。犯罪だぞ！」。いくら強制しても命令しても、襲撃はなくなりません。

なぜなら暴力を起こしてしまうのは、「つらい心」の叫びだから。このつらい心を解消しなければ、おさえつけてもおさえつけても、毒水でいっぱいになった体は、まわりの罪のない人たちに毒水をまき散らしてしまいます。

だから、そんな命にこそ、愛が必要です。「きみにもこんないいところがあるよ」「よくやってるね」「かわいいなぁ」「よく来てくれたね、ありがとう」「よく生きてきた、えらかったね、すごいねぇ」。そのつらい心にこそ、プラスの水をいっぱいいっぱい注いであげると、毒水はだんだんきれいな水に浄化されて、今度は愛がいっぱいになって、まわりにあふれて、「ありがとう、きみもステキだよ」とやさしくできます。

やさしくされた命はやさしくできます。ほめられた命はほめることができます。ありがとうといわれた命が、だれかの命にありがとうといいます。いま、人をいじめ、人を傷つけている命がいちばん、自尊感情を必要としています。「きみは大切な存在なんだ、この世にたったひとりのかけがえのない命なん

だ」。そんな愛と関心、きれいな水を注いでくれる人が必要です。どうか見て見ぬふりをしないでください。いじめられている人にもいじめている人にもその愛の水が必要です。その愛の水を注げる人になってください。

なぜ人を傷つけてはいけないか

わたしは襲撃してしまった子どもたちにたくさん出会ってきました。襲われた被害者が、全治1週間でも、全治3か月でも、生きてくださったら、ああ、よかったと思います。なぜならまず、命が助かってくれてほんとによかったと思うから。そして、その襲撃した子が人殺しにならなくてすんだからです。命がなくなったら、取りかえしがつかないんです。命というのは強そうに見えるけど、ほんの一瞬のことで壊れてしまうことがあります。ひとつうちどころが悪かったら、簡単に壊れてしまう、じょうぶそうで、もろいものです。

鈴木さんが生きてくれたのは奇跡でした。4人組の高校生にエアガンでうたれて、もうちょっとで目にあたるとこだった。そのうちどころがもし悪かったら、もし鉄パイプでなぐられて致命傷を受けていたら「根っから悪いやつは、おれへん。なんぼ襲撃されても恨みはせえへん」とまでいってくれる鈴木さんと、こうして出会うこともなかったでしょう。

わたしはこれまで、少年たちに殺されてしまった被害者の野宿の人たちひとりひとりの死亡現場に行って、手を合わせ、花をたむけ、お線香をあげてきました。そのたびに何度も、何度も。「ごめんなさい、何もわからなかったあの子たちを、どうか許してください」とあやまりに来る親もいません。先生も来ません。襲撃した子のお父さん、お母さんも向きあわない。つかまった子は少年院や刑務所に隔離されたまま、被害者は殺されたまま。でも、その子たちはまだこれから先の人生を生きていかなきゃいけないんです。たとえ牢屋から出ても、人をあやめてしまったら、その心の牢獄からはなかなか出られません。世間が忘れても、自分は忘れません。だれが責めなくても自分が自分を責めます。いくら自分をほめようと思っても「おれは取りかえしのつかないことをした」「わたしのあのひと言であの子は学校に来なくなってしまった」「あの人の人生を変えてしまった」。そういうことに気づくのは、みんながお父さん、お母さんになってからかもしれない。いつやってくるかわからない。

　自分を好きと思って生きていけるために、死ぬ瞬間まで自分の人生を肯定していられるために、鈴木さんのようにたとえどんな貧乏になっても、どんなしんどい状況になってもそれでも自分は人は傷つけない、「悪いことだけはせえへん」、あの誇りをもって生きられるように。鈴木さんは本当の意味で大きな人、大人だと思います。自尊感情の高い、心の強い人だと思います。

　だから、もしも身近な人の暴力を見たら、ただ「やめろ！」だけじゃなくて「きみみたいな本当はやさしいやつが、何がつらくてそんなことしてるんや？　何が苦しいんや、何がしんどいんや？」と、その心のつらさを聞いてみてあげてください。そして、その子のいいところを見つけて、ほめてあげてください。

　それもまた相手のためじゃない。だれかを生かすことができたなら、自分の命が生かされます。だれ

かが傷つき、傷つけられ、殺しあっているのに、ただ見ているだけで何もできない無力な自分は、とても罪悪感を感じる、価値がないと思ってしまう。「関係ない」といいながら、傍観者は、自分の命を傷つけています。

なぜ人を傷つけてはいけないか。自分を傷つけるからです。なぜ人を殺してはいけないか。自分の魂を汚して殺すからです。

「自分を見ているようで腹が立った」

わたしはたくさんの加害者に出会ってきましたが、この本『「ホームレス」襲撃事件と子どもたち』に出てくる加害者のひとり、ゼロくんのことをお話しします。

1995年、大阪の道頓堀で起こった事件です。加害者は、通称「ゼロ」とよばれていた24歳の若者でした。**戎橋**の上で寝ていた63歳の野宿者、藤本彰男さんをおもしろ半分でからかって欄干の上に乗せたんです。藤本さんはびっくりして目をさましてゼロくんの胸ぐらをつかんできた。おどろいてゼロくんがその手をふり払ったら、藤本さんはドボーンと道頓堀川に落ちてしまった。殺そうと思ったんじゃない。助けなくてはとあわててロープを川へ投げた。でも、もう藤本さんは浮かんでこなかった。ゼロくんは殺人容疑で指名手配されることになりました。結局、大阪から東京まで逃げて、新宿の歌舞伎町にいたところをつかまりました。

拘置所に入ったゼロくんに、わたしは面会にいくようになりました。会ってみたら弱々しくて、まさかこんなことになるとは思わなかったと、あやまるばかり。ゼロくんはなんでこんなことをしてしまったのか？　何度も面会に行き、手紙を書き、彼の刑が確定して会えなくなるまで――確定すると家族しか面会できない――２年間ずっと交流してきました。

　だんだんわかってきたのは、ゼロくん自身がいじめられっ子だったということでした。４歳ごろから発作性の持病、てんかんという病気があって、小学校のときからいじめられてきた。中学校ではひどい暴力のいじめにあった。プロレスの技をかけられて、おもちゃの手錠をかけられて、屋上に放りだされ、そうじ道具のロッカーに入れられて閉じこめられる。「だれか助けて！」といってもだれも助けてくれない。もし助けたらみんな今度は自分がいじめっ子にやられるのがこわかったのかもしれない。ゼロくんの自尊感情をいちばんうばったのは、いじめっ子よりも、そんな傍観者たちのシカトだったかもしれません。

　裁判のとき、「きみはいじめられててどんな気持ちになったか？」と弁護士や裁判官から問われて、「弱いもんはいじめられて当たり前かなと思ってました」とゼロくんはいいました。「だれも助けてくれなかったのか、先生は？」。いじめっ子たちから、なぐられたりけられたりしていても「先生は、ただ通りすぎていくだけでした」。腹は立たなかったのか？「そんなもんかなーと思いました」。ぼくのことなん

戎橋　大阪市中央区の繁華街・ミナミを流れる道頓堀川にかかる心斎橋筋の橋。阪神タイガースが優勝すると、歓声をあげながらファンがダイブすることで有名。現在はダイブ防止の柵が設置されている。ナンパの名所としても知られ、“ひっかけ橋”ともよばれる。

かみんな無関心で、だれからも必要とされてない、自分の存在の価値なんてそんなもんか、弱いもんは無視されていじめられて当然なんや、と。ゼロくんの言葉は、そんなふうに聞こえました。

「でも、きみも、いじめられてたのなら、いじめられる側の気持ちがわかるやろう。なのにどうしてまた、弱い立場のホームレスの人をいじめたんだ!?」。裁判官に聞かれました。そのときちゃんと答えることができなかったゼロくんに、あとから少しずつ確認できたのは、こんなことでした。

「ホームレスの人を見ていると、自分を見ているようで腹が立った」

ゼロくんはてんかんの持病のために働きたくても働けない。就職できても、いつも病気のことがわかるとクビになっていました。**就労差別**です。ゼロくんの病気は脳の障がいなのに、遺伝したりうつるんじゃないかとか、たたりだとか、非科学的な偏見や社会の差別もありました。ガソリンスタンドやパチンコ店の仕事も、お客さんの前で発作を起こしたらこまるといわれて、クビになっていました。自分なりに一生懸命がんばってもがんばっても、認めてもらえない。そのたびに自暴自棄になっていく。

お金もなくなり、ゼロくん自身も道頓堀の橋の上で野宿するようになっていました。でもはじめは、ホームレスの人にだれよりやさしかった。お金が入ると「おっちゃん寒いな、ホットコーヒー飲まへんか」。子ども夜まわりみたいにホームレスの人たちに缶コーヒーを買ってあげたり、「たこ焼き食べるか」、食べ物を差しいれてました。

なのに、仕事も本当になくなり、親に借金したまま家にも帰れなくなり、どんどんつらくなって自暴自棄になっていったとき、それまで親切にしていたホームレスの人に、「まるでいじめられてたころの自分の姿を見るようで、イラつくようになった」と。つまり、ゼロくんの「ホームレスいじめ」は、「自分いじめ」でした。ホームレスの人を見ていると、やり返せない自分、弱い自分を見ているようでムカついて、けったり、八つ当たりするようになり、でも「やり返してこない」野宿の人にさらに腹を立て、暴行がエスカレートしていくうちに……。取りかえしのつかない事件を起こしてしまいました。

けれど事件のときも、見ている人たちはたくさんいました。そのとき、ゼロくんは藤本さんをなぐったりけったりはしていない。藤本さんが乗っていた台車を動かして、橋の欄干に藤本さんをかかえあげた。そのかん、朝8時の道頓堀の橋の上には、少なくとも30人以上の通行人がいた。見ていた人もいた。けれど、だれも止めなかった。見ていたサラリーマンのひとりは「止めなあかんと思った。でも、相手は野宿の人やった」と証言しています。つまり野宿の人でなかったら、助けようとしただろう。でも野宿者だからかかわりたくなかった、ということです。もちろんだれよりゼロくんが悪いです。取りかえしのつかない罪をおかしました。だけど、見て見ぬふりしていた人にも本当に罪はないのか。野宿者だからと見殺しにしている人に罪はないのか。そう思って、問いかけたいと思って、この本を書きました。

この本に収めたゼロくんの手紙の一部を、紹介したいと思います。ぜんぶ読みきれないので、またあとで、校長先生の本か図書館のほうで見てもらって、ゆっくり読んでもらえたらうれしいです。一審の判決の直前にゼロくんから届いた手紙です。聞いてください。

就労差別　企業（雇用者）が、国籍・出身地・性別など本来、業務の遂行にかかわる個人の能力や適性とは関係のない事由により、採用を拒否したり雇用を拒んだりすること。

前略　年子さんに手紙を書くのは久しぶりですね。

○月○日に年子さんの手紙が届き、十枚にわたる手紙を読み、その夜、眠るときに年子さんの手紙に書いてあった事……ホームレスの人達をいじめていたあの時の僕は、何であんなことをしたのか？　あの時の僕は何にイライラして、ハラをたてていたのか？　ずっと、そんな事を考えたり、思い出したり、また反省したりしました。

（中略）

僕はホームレスの人達を見ていると、あの人達は仕事がきらいでホームレスをしているのかと思っていた。風にふかれて雨にうたれてよごれても、金がなくても食べ物がなくても、平気なんだろうか……とか、何であの人達はそれでもホームレスなんかしているんだろう、夢もなく愛もなく生きていれるんだろう……って。僕は、そんな状態でも生きていけるホームレスの人達がうらやましかった……。

（中略）

だからあの時、自分自身に「俺には夢も希望もある」って言い聞かせた。あの人達がうらやましいと思ってしまう自分が本当にくやしかった、悲しかった。そして何より、そんな自分にムカついて、ハラが立った。「俺はお前らとはちがう、夢もあるし希望もあるんや」って……。そんな自分の心のやり場のないイラだちを、ホームレスの人達にぶつけていた。

僕は今までも、そんな自分のイラだちを、自分の体を傷つけたり、自分のうでを自分で大やけどさせたり、親にあたったり……。あのころの僕は、自分の体すら大切にできてなかった。なのに人の気持ちなんて解ってあげる事なんてできるわけがなかったと思う。誰も好きこのんでホームレスをしている人たちなんか居るわけないのに、そんな人達の気持ちも知らなかった。あの人達にも、ホームレスになってしまった悲しい過去があり、僕と同じように……いや、僕よりひどい病気をもっている人もいるだろうし、誰にも解ってもらえない苦しみや、淋しさ、心の病気、本当に苦しくてつらい、過去を今でも引きずって生きている人達、藤本さんもその一人のはずと思う……。藤本さんが、息をひきとる前、どんな事を頭によぎらしたのか……と思うと、本当に悲しくて涙が出てきて自分の罪の重さを痛いほどに感じる……。

（中略）

そしてあの時、ホームレスの人達をいじめていた僕は、なんであんな事をしたのか？　なんであんな自分が居たのか？　何にハラをたてて、ムカついていたのか？　何がつらくて、何が不満だったのか？　自分に何が足りなかったのか？

そんな問いかけを自分自身に何度も何度もくり返して、（中略）僕は僕の本当の気持ちを、本当の自分を見つけ、また見つめて、自分というものを大切にして行きたいと思う。それではじめて、人を大切にできるんだと、僕は思えるようになりました……。

暴力の衝動がどこからくるのか

最後に。みんなにえらそうなことをいってきた、自分のいちばん恥ずかしい話をしておわりたいと思います。

いまから数年前、JR線のガード下で野宿生活をしていた60代のおじさんが、3人の若者に襲われて、惨殺されました。体じゅうめったうちにされ、あまりに残忍な暴行で全国のニュースでも報道されました。わたしが現場に行ったときは、まだ血痕が道に残っていました。被害者は、襲われて一度は逃げて、もう襲ってこないだろうと戻って寝ていたところを、また襲われたんです。

「許せない」と思いました。たとえどんな理由があっても、この加害者がどんな苦しい人生を生きてきたとしても、ぜったいに犯人を許せないと思いました。現場で手を合わせ、被害者の苦しみを想像すると、体がふるえて、涙が止まりませんでした。やがて3人の若者がつかまりました。主犯は20歳になったばかり、事件のときは19歳の少年でした。

第1回目の公判。彼はぜんぶ罪を認めました。「すべてそのとおりです。ぼくがやりました」。でも、彼のお父さんもお母さんも来ていない。国選弁護士がただひとりつきそってるだけでした。「あの子は、親から見すてられた子なんです」と弁護士さんがいいました。それでも関係ない、被害者に罪はない。ぜったい許せない。わたしの怒りはとけませんでした。

でも、2回目の公判。セーラー服を着た高校生の、彼の妹が証言台に立ちました。その子は泣きながら、一生懸命、裁判官に訴えました。「お兄ちゃんは、いつもお母さんになぐられながら、わたしをかばって守ってくれました。わたしには大事な、やさしい兄なんです」。彼らはきょうだいふたりきりで生活してました。彼が最初にホームレスの人を攻撃するようになったのは、中学1年のときだったそうで、妹は、「お兄ちゃん、そんなことはぜったいにやめて！」と、必死で止めたそうです。だからそれきりやってないと思っていた、と。

だけど、そのあと、どんどん自分のなかにたまったストレスが暴走し、妹の知らないところでやっていた。そしてつかまってしまった。でも、妹は一生懸命、兄を助けようとした。兄だけが、小さいころから必死で自分を守ってくれたホームだったのかもしれない。そして彼にとって、この妹だけは、親が捨(す)てても、犯罪をおかしても、何があっても自分を受けいれ懸命に守ろうとするホームだったんでしょうね。わたしはこの妹に負けました。

妹といっしょに次の日、拘置所に面会に行きました。仮名(かめい)でAくんといいます。彼はわたしの前で、ふるえる体を両手で抱(だ)いておさえつけるようにしていいました。

「自分のやったことがおそろしい。いまも、ここにいても、自分のなかにおさえがたい暴力の衝動(しょうどう)を感じて、こわくなるんです。それはやったものにしかわからない。……なんてことをしてしまったんだ。こわくなって、夜中に叫びだしそうになるんです」

それから、彼と手紙のやりとりがはじまりました。

憎い父の代わりに襲った

たしかに彼は、幼いときからひどい虐待を受けてきていました。小学生のときに両親が離婚して、お母さんと妹と3人でくらしていたんですが、とくに長男の彼にお母さんはつらくあたりました。たたかれ、裸にされて、体をしばられ、ベランダに放置されたり、ひどい暴力を受けていました。中学生になったとき、彼だけ、お父さんに引きとられます。お母さんに新しい恋人ができて、長男が邪魔になったようで、お父さんのところに送りこまれたんですね。そして、お父さんのもとでさらにすさまじい虐待を受けます。ボクシングのようにげんこつでなぐられたり、灰皿を投げつけられたり。で、彼は父親に対抗するために武術を習います。そして、はじめて父親に反撃できたとき、ああ、おれには力があるんだ、と。その力をどんどんためしたくなった。そして中学の同級生が「ホームレス襲撃」をもちかけてきたのをきっかけに、河原の野宿の人を襲うようになりました。

けれど、やっていることは悪いこと、ひどいことだと心の片すみでわかっている。良心の呵責がある。そのあとものすごく苦しむんだけど、また暴力の衝動が出てくる。その心の奥底にある苦しさを、彼はだれにも話せていなかった。

そして、何度も手紙をやりとりしながら、だんだん見えてきたことは、彼の襲撃の引き金になったのが、その同級生から教えられた言葉だったということでした。「ホームレス」とはどういう人たちなのか、なんでホームレスをしているのか。こうした授業や教材ＤＶＤで知ったんじゃない。彼は中学になって東京に転校してきて、はじめてホームレスの人を見たんですね。

「なんだ、あいつらは？」。同級生に聞いたら、「やつら**ルンペン**は、借金をしたり家族をこまらせて逃げてきたやつらだ」。妻子(さいし)を捨てて好き勝手してるんだ、と教えられました。そうか、と彼は思い、怒りを感じました。家族を捨てて逃げたひどいやつ、そのイメージが自分のお父さんの姿とダブリました。

ゼロくんの「ホームレスいじめ」は、「自分いじめ」でした。いじめられてやり返せない自分の姿と重なり、弱い自分を見ているようで腹が立った。Aくんの「ホームレス」いじめは、憎(にく)い「お父さん」の姿を重ねていた。自分たち家族を見すてた憎い父親をうちのめすように、怒りをぶつけていたのではないか。そのことがわかりました。でもそれに気づいたとき、Aくんはもう取りかえしのつかない罪で、牢屋のなかでした。Aくん自身、自分のなかの言葉にできなかった感情に、ようやく気づき、わかるようになってきた。そしてぼくは本当になんてばかなことをしてしまったんだ、と自分を責めました。だから、わたしは手紙に書きました。

「Aくん、よくここまで自分を見つめて、自分の気持ちに気づくことができたね。きみはこれまでお母さんからも、お父さんからもひどい暴力を受けてきて、それでも妹を守り、自分を守り、よく生きぬいてきたね。そしていま、自分の罪を認めて、後悔し、自分を責めているね。でもどうか自分を見すてないでほしい。いまある、自分のいいところを見つけてほしい。きみにもきっといいところがある。価

ルンペン　ぼろの服をまとってうろつく人の意味。布きれやぼろ服を意味するドイツ語から由来(ゆらい)。「浮浪者」「こじき」などと同じ蔑称(べっしょう)。

値のない命なんてひとつもない。きみのなかにある善いものを信じて生きていってほしい。この先、どんなにつらくても、苦しくても、生きて生きて生きぬいて、自分の命をほかの命に生かし、自分の過ちを償い、やり直していってほしい。それが本当の償いの第一歩になると思います。Aくん、たとえ何があっても、どうか生きていてください。きみがいま、生きててくれてありがとう。生まれてきてくれてありがとう」

そんなふうに書いて送りました。拘置所のAくんからすぐに返事が来ました。

「ありがとうございます。生まれてきてくれてありがとう、ぼくはずっと長いあいだ、そのひとことがほしかったんだと気づきました。生きててくれてありがとう、誰れかひとりでもぼくにそんなことを言ってくれただろうか。……やり直したい。ぼくだって善人になりたい！　心の底からそう思い、はじめて拘置所で声をあげて泣きました」

そんな手紙をくれました。そのあと彼は刑が確定して、もうわたしは会えなくなりました。やり直して生きていってくれていることを信じています。

わたしが犯した最大の過ち

そのAくんから「でも、どうして年子さんは、こんな加害者のぼくにかかわるんですか？」と、質問が来たことがありました。

「年子さんは一生懸命ホームレスの支援活動をしているのに、ぼくは年子さんの活動を無力だと思わせるようなことをしてしまった。そのことを年子さんはどう思った？」「こんなぼくにどうして手紙を書いたり、かかわろうとするんですか」

その返事、Aくんに送った長い長い手紙もこの本のなかに載せています。よかったらまた読んでもらえたらうれしいです。短く伝えますね。

「なぜなら、Aくん、わたしも不完全で、まちがうからです。わたしもきみと同じ、大事な人を傷つけ、自分を人殺しだと思って生きてきたからです」。ずっとだれにもいえなかった自分のいちばん恥ずかしいことを話しました。自分の犯した最大の過ちをAくんに告白しました。

わたしは、自分のお父さんを殺したと思って生きてきました。

最初にちょっと話しました。父は材木業をやっていましたが、若くして会社をまかされ、24歳で社長になって、25歳で結婚してパパになってわたしが生まれた。2年間は、家族3人でいっしょにくらした。でも、父はお人よしで、人の借金を背おって追われる身となりました。そして田村さんのお父さんみたいに、家族をおいて蒸発しました。まだ2歳だったわたしとお母さんが残されて一家離散になり、バラバラにくらす「ホームレス」になりました。でも、お母さんががんばり屋さんで、住みこみの仕事をしながら27歳から洋裁の勉強をして、「手に職をつけて自活せなあかん」と。もう夫にも実家にもだれにも頼れない。がんばって、がんばって、一生懸命、徹夜で洋裁の仕事をするようになって、やっと自分でアパートを借りられるようになった。ハウスができたんですね。それで、父方のおばあちゃんに預けていたわたしを小学校にあがる前に引きとってくれました。

わたしは6歳で、もの心ついてはじめてお母さんとくらせるようになりました。別れたのは2歳のときで、父も母も顔もわからなかったから、とてもうれしかった。ああ、お母さんとくらせるんや。でもお母さんもしんどかったんでしょう。生活も大変で、ひとりでがんばって苦しくて、イライラすることもあったんでしょう。わたしはよくたたかれました。でもお母さんに見すてられたくなくて、お母さんに愛されたくて、一生懸命耐えてました。お手伝いして、おつかいに行って、ごはんを炊いて、肩をもんであげて、ほしいものもせがまず、やれっていわれたことは一生懸命やりました。

子どもは本来みんな親を愛している。でも、親のほうは気づかずに、やりたいほうだい、いいたいほうだいをしてしまいます。それでも、どんなにたたかれても、もうやさしいおばあちゃんのところでも、お金持ちのおっちゃんのとこでもなく、貧乏でも、おふろがなくても、わたしはお母さんのそばにいたかったんです。

そうしたら今度は行方不明になってたお父さんが病院に収容されてることがわかった。母がお見まいに行って、親子3人でもう一回やり直そうということで、母が受けいれ先になって、父は退院することになりました。私が小学校2年生のときに、親子3人でまたいっしょにくらせるようになりました。ようやくほんとのホームができました。でも、それも4年間だけでした。

「死にたい」と泣いた父

父は退院してから、元気になって、近くの工場に働きにもいけるようになった。そして、市営住宅があたって、おふろもない狭い六畳二間のアパートから、超高層の団地に移った。おふろもある。子ども部屋ももらえる。やったぁ！　生活がちょっと豊かになった。だけど、お父さんの体には負担が増えて、ものすごく遠い町から工場まで毎日2時間かけて通勤することになりました。そして過労から、どんどん体がむくんで病気になりました。腎臓病で入院することになったんですが……。お父さん「病院はいやや」と、勝手に自己退院してきてしまうんです。

お父さんが昔、蒸発して「ホームレス」になっていたとき、どんなつらい体験をしたのかわからない。でも、路上から病院にかつぎこまれたそうです。夜まわりで出会った野宿のおっちゃんたちがいってたこと、「姉ちゃん、病院はいやや。病院には行きたくない。まるでゴミみたいにあつかわれるんや。ホームレスは人間あつかいされないんや」。「医者はぞんざいな口でバカにする。看護婦は鼻をつまんで、見くだす。はよ出て行けといわんばかりに、保険の点数かせぎに点滴うったり、注射したり、ぎょうさん薬出したり。おれらの体を点数取るために使いよる。あんな病院行くくらいならここで死んだほうがましや。道で寝てたほうがましや」

いまならそれがわかる。お父さんももしかしたらそんな目にあってたのかもしれない。けど、わたしはまだ12歳で子どもでした。「お父さん、病院入ってよくなろう」。何度たのんでも勝手に出てきてしまう。「年子、病院はいややねん。わかってくれ。ここにおらしてくれ」。しょうがないなぁと思いながら、だんだん、わたしのなかにもいじめの心が出てきました。まるでホームレスの人を見るように、「なんでがんばれへんのや、弱いな。なまけてる。みんながんばってる。お母さんもあんなにがんばって働いて

るのに、お父さんもしっかりすればいいのに」。だんだん腹が立ってきます。

ある日、お父さんが「年子、もう死にたい。お父さんもうがんばれへんのや」。そのときはビックリした。はじめて死にたいなんていうから。「死なんといて！　うそやろう！」

「お父さんもう病院はいやなんや。病院入るくらいやったら、この団地の11階から飛びおりて死んだほうがいい」といいました。「わかった。もういい。うちにいてくれたらいいから。そんな死ぬなんていわんといて！」。わたしはぼろぼろ泣いて、そのときはじめてお父さんの涙も見ました。大きな男の人がわんわん男泣きに泣きました。「ありがとう、ごめんな、年子」

それから1週間たち、2週間たち、やっぱりお父さんは家でごろごろしていて、わたしはまただんだんいやな気持ちになっていました。ある日、お父さんがまたポロッと弱音(よわね)を吐(は)いた。「もうあかん。死にたい」。ただ聞いてあげればよかったのに。そのつらい心をただ受けとめてあげさえすればよかったのに。

わたしはひどい言葉を、投げてしまいました。

「そんなに死にたかったら、死んだらええやん！」

父は心のやさしい人で、わたしをなぐることもなかった。かわいい、かわいいと愛してくれた。

でも病気になって心が弱って「死にたい」といいだした父に、イライラッとして、わたしは、取りかえしのつかないひと言を、毒水を投げつけてしまいました。

それから数週間後、本当に父は団地の11階から飛びおりて、死んでしまいました。

あのとき、どうして「死ねばいい」なんていっちゃったんだろう。わたしはまさかお父さんが死ぬなんて思わなかった。死んでほしいなんて思ってなかった。

鹿川くんをいじめた同級生たちも、まさか死ぬとは思わなくて、「さよなら」と書いた。そのことを24年たっても悔いているように、わたしもこの34年間、ずっと悔いてきました。

いまでもそのひと言を取りけすことはできない。わたしの失敗をくり返さないでください。それをいいたくて来ました。

自分の投げたものが、受けとるもの

だからどうか、人を傷つけないでください。人に「死ね」といわないでください。それは相手のためじゃなく。まず自分のために。自分を好きでいるために。自分を肯定し愛していられるために。わたしは自分を受けいれ回復するために長い時間がかかりました。

自分を責めて責めて。お父さんを殺したのはわたしだ。わたしがお父さんの背中を突きおとしたのと同じだ。だからゼロくんのことも裁けなかった。誤って人をあやめてしまったAくんのことも責められなかった。

わたしもまちがった。でも、みんなまちがう。まちがう可能性がある。自分の知らないところで、人を傷つけている、いじめの加担者、暴力の加害者になっている可能性があります。

だからこそ、「死ね」「消えろ」といういじめ、命への攻撃——そこで投げた毒水は必ず自分に返ってきます。自分をよごし、自分をおとしめ、もっと自分がつらくなる。自分の投げたものが、受けとるも

のになります。だから――そのかわりに、「大好きだよ」「きみはこんないいところあるよ」「生まれてくれてありがとう」「あなたがいてくれてうれしいよ」。プラスのきれいな水をあげてください。それはまたぜんぶ自分に返ります。もっと自分が愛されます。もっと自分を肯定できます。自分を認め、自尊感情をもって生きぬくことができます。

「死ね」「消えろ」、一度でも、冗談でも、いってしまったことがある人。毒水を投げてしまったことのある人、いると思います。でも自分が傷つけた人は、いま生きてますか。本当に死んでしまったわけじゃないね。よかった。だったら、いまここからやり直せます。「ごめんね」「あれは自分がイラついてたから。ぼくが悪かった」。まちがいを認めて、やり直しましょう。「きみが生きててよかった」「ここにいてくれてありがとう」。プラスのお水を注いで、マイナスを払拭しましょう。傷つけた人も、傷つけられた人も、生きてさえいればやり直せる。本当に生きててくれてよかった。ありがとうです。

わたしが回復できたのも、また父のおかげでした。

わたしは父にひどいことをいったのに、父はわたしを傷つけなかった、なぐられたこともなかった。それだけ許され愛されていたことを、父を亡くしてから実感しました。

命を絶つ何日か前に、ある夜、そっとわたしの部屋に来て、お父さんがいい残したこと。

「年子、大きい姉ちゃんになりや」

「勉強しろよ」とも「がんばれよ」ともいわなかった。「りっぱな人間になれよ」ともいわなかった。ただひとつ、死ぬ前に父が命にかえて願ったことは「大きい人間になれよ」

それは鈴木さんのように、たとえどんなに苦しい状況になっても、自分自身を信じていること。自分を嫌わないように、人に悪いことはしない、自分を受けいれ、あるがままの自分を認めながら生きていけるということ。それが本当の自尊感情だと思います。

父のおかげで、わたしはいまこうして生きています。立ちなおることができました。そして、そのいちばんつらい体験のおかげで、いちばん大切なことに気づけました。いま、みなさんと出会えているのも、その体験があればこそです。

みなさんも暴力を受けたこと、いじめられたこと、つらかったことがあるかもしれない。でも、必ず自分の意思ひとつで、役立てることができる。プラスに、価値ある体験に変えていけます。

痛みを恵みの水にしてください。本当にきれいなハスの花は、どろどろの泥のなかから咲きます。そのどろどろの水にゆるぎない自分の根をはってください。だれがなんといおうと、自分は価値ある人間だと信じて、生きていってください。

こんなに長い時間、聞いてくれてありがとう。卒業前の、みんなの貴重な時間をつかわせてもらってごめんね。ありがとう。今日は本当に特別でした。こんなに集中してくれて、ここまでしゃべったのは、この中学校がはじめてです。みんなに会えてよかったです。聞いてくれてありがとう。

はい、最後に、がんばってねとはいいません。もうすでに十分よくがんばっている自分に拍手しておわりましょう。自分に拍手!!

朝日新聞　2010年3月4日　夕刊　1ページ　東京本社

ニッポン人・脈・記 jinmyaku@asahi.com

釜ケ崎有情 4

おっちゃん どこから来たん

荘保共子さん（左端）。子どもたちといっしょに、段ボールで過ごす人に話しかけた

2月6日。気温3度。夜の釜ケ崎。段ボールで囲い、毛布や寝袋に入った野宿の人を見つけては、子どもたちが声をかける。「ぐあい悪いとこないですか」「おにぎりありますけど、いりませんか」

相手が子どもだとわかると野宿の人たちは半身を起こし、笑顔になる。「ありがとうな」「おっちゃん、どこから来たん？」「沖縄から10年前にな」。しばしば話しこむ。

毎冬つづいている子ども夜まわり。この日は小中高校生35人が参加、5班に分かれて深夜1時までまわった。

釜ケ崎のど真ん中に、「こどもの里」という地元の子どもたちが安心して遊べる児童館がある。そこの館長で、元保母さんの荘保共子(62)が始めて24年になる。

きっかけは1983年に横浜で起きたホームレス襲撃事件だった。公園で野宿していた男性が中学生を含む少年10人から暴行を受け、2日後に死亡。取り調べに少年たちは「くさいから退治した」と供述して大きなニュースになった。

荘保も衝撃を受ける。「でもまさか、うちの子はこんなことしないと思っていました。野宿の人を見慣れている。親が日雇いをしている子も多いし、仕事にあぶれるから仕方なく野宿していることもわかっているはずだって」

念のため、子どもらにアンケートをとってみた。すると、半数がからかったことがあると回答。つばをかけたり、ロケット花火を飛ばしたり。「怠け者だ」「汚い」の書き込みも。

荘保は思った。「これじゃ、横浜の中学生と違わない」。釜ケ崎では大人の支援団体が夜まわりを続けていた。「どうしてもやらないと」と、子ども夜まわりを始めた。

いきなり路上に出ても、子どもらは戸惑う。だから、荘保は必ず事前に学習会を開く。野宿経験者からも話を聞く。68歳になるおっちゃんも協力したひとりだ。

縫製業で借金を背負い、無理がたたって体を壊した。33歳のときに京都から釜ケ崎に。8年前、段ボールハウスに寝ていて放火され、危うく難を逃れる。生きる気力をなくしていたが、4年前にボランティアの勧めで生活保護を受け、いまはアパートで暮らす。

そんなおっちゃんの身の上話を、子どもらは目をまっすぐに見つめて聞いた。「真剣に聞いてくれて、逆に元気をもらいました。あのとき話してよかった」

24年間の参加者は幼児から高校生まで6千人を超す。みんな感想文を残す。

6歳の女の子は書いた。

おっちゃんら、かあちゃんから、生まれたんやろ。なんで、こんなところでねなあかんの？

小学1年生の男の子はこう書いた。

キズをしているおっちゃんのことをかんがえたら、ぼくは3時までねられませんでした。

こわがっていた子が夜まわりで変わっていく。人を人として共感し、自然にその命を気づかうようになる。荘保はその変化を見つめてきた。

「最初は子どもに何かをしてあげよう、と思っていた。でも、とんでもない間違いでした。ずっと私自身が子どもたちに教えられ、育てられてきた気がします」

釜ケ崎にほど近い場所にある児童館「山王こどもセンター」も子ども夜まわりを続けている。施設長の前島麻美(55)が、地域を知ろうと6年前に始めた。

前島麻美さん(右)と藤本舞香さん

最初から参加する高校1年の藤本舞香(16)も、はじめは怖かった。おにぎりを渡すとき、野宿の人に手が触れるとびくっとした。「でも、勇気を出して話してみると、いろんな人生を聞かせてくれる。ほかの街に行っても野宿の人に自然に目が向くの。あの人、大丈夫かなって」

09年秋、藤本が夜まわりのたびに言葉を交わしてきた人が亡くなる。路上死だった。「去年、一番悲しかったことです」。釜ケ崎で08年度に路上死し、身寄りの分からない人は109人にのぼる。

（神田誠司）

© 朝日新聞社　無断複製転載を禁じます。
すべての内容は日本の著作権法並びに国際条約により保護されています。

出典／朝日新聞2010.03.04付（ニッポン人脈記）釜ケ崎有情4　おっちゃん　どこから来たん

朝日新聞　2010年3月5日　夕刊　1ページ　東京本社

ニッポン人・脈・記
jinmyaku@asahi.com

釜ケ崎有情5

路上のいじめ 何とかせな

ホームレスの人たちへの襲撃がやまない。段ボールハウスに放火する。自転車を投げ込む。傘で突き刺す。ときに死者も出る。そんな襲撃事件の加害者の多くが、中高生や若者たちだ。

東京在住のフリージャーナリスト、北村年子(47)は、そんな襲撃事件の取材を長年続けている。最初に手がけた事件は1995年10月、大阪・ミナミの橋の上で起きた。

週末は若者たちでにぎわう戎橋。この橋で野宿していた63歳の男性を欄干から落として死亡させたとして、24歳の若者が逮捕されたのだ。

事件の2週間後、北村は東京から駆けつけた。釜ケ崎で野宿する人の安否を確認する「子ども夜まわり」に参加したことがある。だから、ミナミの事件を身近に感じることができた。

周辺取材をはじめた。若者にはてんかんの持病があり、小学生のころからいじめられていた。中学卒業後は職を転々とし、野宿状態だった。この子には安心できる「ホーム」がなかったんだ。

でも、どうしてホームレスの人を襲ったの？　北村は拘置所に通い、手紙を書き続けた。判決の2日前に届いた返事に、こう書いてあった。

オレはお前らとはちがう、夢もあるし希望もあるんや

自分のやり場のないイラだちをホームレスの人にぶつけた言葉だ。北村は思った。「これは、路上のいじめじゃないか」

懲役4年の判決が確定する前から、死に至る事件の現場に足を運ぶようになる。東村山、熊谷、姫路……。続発する襲撃に危機感が募った。何とかしなければ。08年春、北村は「ホームレス問題の授業づくり全国ネット」を立ち上げた。

北村が最初に声をかけたのは、釜ケ崎で野宿者支援に取り組む生田武志(45)。やはりミナミの事件に衝撃を受け、各地の学校でホームレス問題の授業を始めていた。

生田は、京都の大学生のとき、テレビ番組で釜ケ崎を知り、出かけてみた。日雇いの仕事を知ろうと建設現場で働き、労働者への見方がガラリと変わる。「こんなにきつい仕事してるのか。そして、みんな、むちゃくちゃまじめだ」

卒業後も日雇い労働で生計を立て、野宿者の安否確認と生活相談の夜まわりを続けている。

中学や高校での授業は100回を超す。いつも、いす取りゲームの話をする。「いすに座れないのは努力が足りないからじゃない。いすの数が足りないからだよね」。いすは雇用。座れないひとは野宿者。論破したいのは、自己責任論だ。

生徒たちの感想で一番多いのは、「仕事が嫌いな怠け者だと思っていました」。そこに生田は大人の影響を見る。「ホームレスとは目を合わせちゃいけませんっていう親もいる。差別意識にがんじがらめの大人でなく、子どもから変えよう」

09年、北村たちは「私たちが行かないでも授業ができる教材用DVDがほしい」と、映像作家の神吉良輔(36)に撮影を依頼する。

神吉は、大阪・日本橋で野宿生活を送る鈴木安造(65)の1日をビデオカメラで追った。ガードマンの仕事中に脳梗塞で倒れ、野宿生活をして3年になっていた。

早朝からリヤカーを引いて段ボールを集める。10時間かかって20㌔歩き、手にするのは900円。ビデオの中で、高校生らしき4人組にエアガンで撃たれた恐怖を語った鈴木は、次の瞬間、奇跡のような言葉を口にする。「根っから悪いヤツはおらへん。襲撃されても恨みはせえへん」

なぜ、あんな言葉が出るのだろう。完成したDVDを見た私は、鈴木に会いに行った。「腹は立つで。でも一人ひとり顔を見ると、子どもみたいなのもおってな。わかるやろ」。そういうと笑顔を見せた。

昨秋、販売開始したDVDは1カ月で1千枚を完売。1千枚を増版した。北村はいう。「加害者も被害者も心に傷を負う襲撃をゼロにしたい」。そんな日はいつかくる。そう信じたい。

(神田誠司)

生田武志さん、学生たちに釜ケ崎のいまを教える

北村年子さん、この戎橋でかつて襲撃事件があった

© 朝日新聞社　無断複製転載を禁じます。
すべての内容は日本の著作権法並びに国際条約により保護されています。

出典／朝日新聞2010.03.05付（ニッポン人脈記）釜ケ崎有情5　路上のいじめ　何とかせな

- ホームレス総合相談ネットワーク『路上からできる生活保護申請ガイド』（ホームレス総合相談ネットワーク　2012）
- 堀義秋・吉田功『授業「浮浪者」殺傷事件』（技術と人間　1985）
- 松繁逸夫・安江鈴子『知っていますか？　ホームレスの人権一問一答』（解放出版社　2003）
- 松島トモ子『ホームレスさんこんにちは』（めるくまーる　2004）
- 森川すいめい『漂流老人　ホームレス社会』（朝日新聞出版　2013）
- 山崎克明　稲月正　森松長生　奥田知志　藤村修『ホームレス自立支援』（明石書店　2006）
- 湯浅誠『どんとこい、貧困！（よりみちパン！セ）』（イースト・プレス　2011）

◉釜ヶ崎と他の寄せ場

- こどもの里『こどもよまわりだより　2007年度　越冬』（こどもの里　2008）
- ありむら潜『漫画ホームレスじいさんの物語　震災・ガレキを越えて　カマやんの夢畑』（明石書店　2012）、『カマやんの野塾－漫画ホームレス問題入門』（かもがわ出版　2003）、『釜ヶ崎<ドヤ街>まんが日記』シリーズ（日本機関紙出版センター　1987～）
- 入佐明美『地下足袋の詩（うた）歩く生活相談室18年』（東方出版　1997）
- エリザベート・ストローム『喜望の町　釜ヶ崎に生きて二〇年』（日本基督教団出版局　1988）
- 大山史朗『山谷崖っぷち日記』（角川文庫　2002）
- 加藤政洋『大阪のスラムと盛り場 近代都市と場所の系譜学』（創元社　2002）
- 釜ヶ崎キリスト教協友会『釜ヶ崎の風』（風媒社　1991）
- 釜ヶ崎資料センター『釜ヶ崎　歴史と現在』（三一書房　1993）
- 神田誠司『釜ヶ崎有情　すべてのものが流れ着く海のような街で』（講談社 2012）
- 小柳伸顕『教育以前　あいりん小中学校物語』（田畑書店　1978）
- soul in 釜ヶ崎『貧魂社会ニッポンへ　釜ヶ崎からの発信』（アットワークス　2008）
- 定点観測「釜ヶ崎」刊行会『定点観測　釜ヶ崎－定点撮影が明らかにする街の変貌』（葉文館出版　1999）
- 日本寄せ場学会『寄せ場』（現代書館　1988～）
- 原口剛　稲田七海　白波瀬達也　平川隆啓『釜ヶ崎のススメ』（洛北出版 2011）
- 平井正治『無縁声声　日本資本主義残酷史』（藤原書店　1997）
- 本田哲郎『釜ヶ崎と福音　神は貧しく小さくされた者と共に』（岩波書店　2006）
- 水野阿修羅『その日ぐらしはパラダイス』（ビレッジプレス　1997）

◉参考DVD

- 飯田基晴『あしがらさん』（映像グループ ローポジション　2002）
- 神吉良輔・飯田基晴『「ホームレス」と出会う子どもたち』（ホームレス問題の授業づくり全国ネット　2009）
- 飯田基晴・土屋トカチ・中鉢裕幸『あなたの偏見、わたしの差別～人権に気づく旅～』（東映株式会社教育映像部　2012）

ホームレス問題の授業に役立つ　参考文献

◉野宿・貧困・ホームレス問題

- 生田武志『おっちゃん、なんで外で寝なあかんの？　こども夜回りと「ホームレス」の人たち』（あかね書房　2012）、『貧困を考えよう』（岩波ジュニア新書　2009）、『ルポ　最底辺　不安定就労と野宿』（ちくま新書　2007）、『〈野宿者襲撃〉論』（人文書院　2005）
- 稲葉剛『ハウジングプア－「住まいの貧困」と向きあう』（山吹書店・JRC　2009）、『生活保護から考える』（岩波新書　2013）
- 北村年子『「ホームレス」襲撃事件と子どもたち－いじめの連鎖を断つために』（太郎次郎社エディタス　2009）
- 青木悦『やっと見えてきた子どもたち－横浜「浮浪者」襲撃事件を追って』（あすなろ書房　1985）、『「人間」をさがす旅－横浜の「浮浪者」と少年たち』（民衆社　1984）
- 飯島裕子・ビッグイシュー基金『ルポ　若者ホームレス』（ちくま新書　2011）
- 岩田正美『現代の貧困－ワーキングプア／ホームレス／生活保護』（ちくま新書　2007）
- 大阪市教育センター『教育必携　人権教育推進編第2部』（2006）
- 大阪府立西成高等学校『反貧困学習 格差の連鎖を断つために』（解放出版社　2009）
- 川崎市教育委員会発行『子どもたちの健やかな成長を願って　～野宿生活者への偏見や差別の克服に向けて～』（1995）
- 櫛田佳代『ビッグイシューと陽気なホームレスの復活戦　THE BIG ISSUE JAPAN』（ビーケイシー　2004）
- 小玉徹『ホームレス問題 何が問われているのか』（岩波ブックレット　2003）
- 小玉徹・中村健吾・中山徹・岡本祥浩・都留民子・平川茂『欧米のホームレス問題（上・下）』（法律文化社　2003～2004）
- さいきまこ『マンガでわかる生活保護 陽のあたる家～生活保護に支えられて』（秋田書店　2013）
- 笹沼弘志『ホームレスと自立／排除－路上に“幸福を夢見る権利”はあるか 』（大月書店 2008）
- 鈴木忠義『学生たちの目から見た「ホームレス」－新宿・スープの会のフィールドから』（生活書院　2010）
- 関朝之作・はせがわいさお画『ガード下の犬ラン－ホームレスとさみしさを分かち合った犬』（ハート出版　2003）
- 高松英昭『STREET　PEOPLE　路上に生きる85人』（太郎次郎社エディタス　2009）
- 田中聡子　西村いづみ　松宮透高『断ち切らないで　小さき者を守り抜く「子どもの家」の挑戦』（ふくろう出版　2012）
- 田村研一『ホームレス大学生』（ワニブックス　2008）
- 田村裕『児童書版 ホームレス中学生』（ワニブックス　2008）、『ホームレス中学生』（ワニブックス　2007）
- 中村智志『路上の夢　新宿ホームレス物語』（講談社文庫　2002）
- 野村まり子・笹沼弘志『えほん 日本国憲法』（明石書店　2008）
- 姫路市教育委員会『資料検討委員会（資料部会）活動報告　ホームレス問題を扱った人権総合学習』（2007）、『2007年度人権学習地域講座録　北村年子「ホームレスって誰？　いじめと格差社会の子どもたち」』（2007）

◉愛知県
NPO法人 ささしまサポートセンター（笹島診療所）
http://www4.ocn.ne.jp/~sasasima/

◉静岡県
野宿者のための静岡パトロール
http://www.geocities.co.jp/HeartLand-Hinoki/2906/

◉大阪府
野宿者ネットワーク
http://www1.odn.ne.jp/~cex38710/network.htm

釜ヶ崎キリスト教協友会
http://www.gyokokai.org/~kyoyukai/

認定NPO法人 こどもの里
http://www.k5.dion.ne.jp/~sato/

山王こどもセンター
http://www5c.biglobe.ne.jp/~sannoh/

特定非営利活動法人 長居公園元気ネット
http://www.geocities.jp/npo_genki_net/

認定NPO法人 Homedoor
http://www.homedoor0.com

◉和歌山県
和歌山夜回り会
http://www.ne.jp/asahi/fraternity/wakayama/yomawari/

◉兵庫県
神戸YWCA 夜回りグループ
http://www.kobe.ywca.or.jp/NOJUKU/nojuku.html

◉岡山県
特定非営利活動法人 岡山・ホームレス支援きずな
http://okayamasasaerukai.blog114.fc2.com/

◉愛媛県
ホームレス支援を考える会 オープンハンドまつやま
http://yaplog.jp/openhand/

◉福岡県
特定非営利活動法人 北九州ホームレス支援機構
http://www.h3.dion.ne.jp/~ettou/npo/top.htm

◉鹿児島県
特定非営利活動法人 かごしまホームレス生活者支えあう会
http://www5.synapse.ne.jp/supporter/synapse-auto-page/

◉全国　ビッグイシュー　http://www.bigissue.jp/

協力支援団体

野宿・貧困・ホームレス問題をめぐる教育の取りくみへの協力が可能な、ホームレス問題の授業づくり全国ネットと交流のある支援団体です。

◉北海道
北海道の労働と福祉を考える会
http://roufuku.org/

◉宮城県
特定非営利活動法人 仙台夜まわりグループ
http://www.yomawari.net/

◉東京都
• 池袋
特定非営利活動法人 TENOHASI
http://tenohasi.org/

• 山谷
ほしのいえ
http://www.hosinoie.net/

• 渋谷
渋谷・野宿者の生存と生活をかちとる自由連合（のじれん）
http://www.geocities.jp/nojirenjp/

• 新宿
特定非営利活動法人 自立生活サポートセンター・もやい
http://www.moyai.net/

新宿連絡会
http://www.tokyohomeless.com/
スープの会
http://www1.odn.ne.jp/soup1994/soup/supuno_hui_biao_zhi.html
ホームレス総合相談ネットワーク（法律相談）
http://www.homeless-sogosodan.net/

• 三鷹
夜まわり三鷹
http://www7a.biglobe.ne.jp/~yomawari-mitaka/

◉千葉県

認定NPO法人 市川ガンバの会
http://ichikawaganba.fc2web.com/index.htm

◉神奈川県
寿支援者交流会
http://www.geocities.jp/kotobukisienshakouryuukai/

■3月　大阪市西成区津守の公園で計30～40回、数人から約20人の若者のグループが石やれんがを投げつけたり、ロケット花火を撃ちこんだりして野宿生活者を襲撃し、少なくとも1人がけがをしていた。

■6月22日　午前5時頃、東京都千代田区の首都高速の高架下で野宿生活者が寝泊まりしていた段ボールから火が出て、近くに置いてあった板や自転車なども燃えた。この2時間前にもおよそ1キロ離れたJR神田駅の高架下で、同じく野宿生活者が使っていた段ボールが燃えた。警視庁は、同一犯による連続放火の可能性もあるとみて捜査。

■12月11日　午前2：20頃、東京都江東区の大島小松川公園で60代の野宿者の男性が「子どもたちに殴られた」と近くの交番に届けでた。男性は肋骨3本が折れるなど重傷を負っていた。

2012年

■1月～3月　愛媛県松山市内の地下道などで暮らす野宿者が、高校生とみられる複数の人物から頭を殴られたり、石などを投げられたりする被害を受けていることが、ホームレス支援団体の調査でわかった。被害は前年末から始まり、高校生風の若者3～4人が主に週末の深夜、野宿者の段ボールハウスを蹴ったり、ものを投げこんだりする事件がつづいた。2月には男性が2人組の若者にガラス瓶のようなもので頭を殴られて出血し、救急搬送。3月には卵や石などを投げこんだり、消火器を噴射するなどの事件もあった。

■2月1日　午前6：15頃、JR東京駅近くの中央区八重洲の路上で、野宿していた女性（67）のそばにあったビニール袋に火をつけ衣服に燃えうつらせ、殺害しようとした疑いで2/28、警備員の少年（18）が逮捕された。女性は両手や下半身をやけどして全治3か月の重体。少年は2/8早朝、港区新橋の公園のベンチで休んでいた40代の男性会社員に火をつけたとして現行犯逮捕されており、2/1の事件で再逮捕となった。

■2月28日　午前2時半頃、神奈川県厚木市の河川敷で野宿していた男性（59）の顔や腹を殴り、硬膜下血腫など1か月のけがを負わせたとして、3/14、無職少年（16）と中学2年の男子生徒（14）を逮捕。2人は同じ中学の先輩と後輩。以前から男性に石を投げるなどしており、「あいつをやりに行こう」と河川敷にむかったという。近くにいた別の野宿者が119番した。

■3月～5月　神戸市中央区のかもめりあ付近で、若者たちが看板などで野宿者を殴りつける事件が連続し、あばら骨を折られた1人が入院した。

■4月～5月　東京都墨田区およびその周辺で、場所によってはほぼ毎日、中学生と思われる子どもが野宿者や小屋にむかって石を投げるなどの襲撃がかつてない激しさで頻発しているとして、支援団体が襲撃を止めるようビラを作成、地域に配布した。

■6月20日　午後7：25頃、三重県四日市市の高架下にある男性（62）のテントから出火、全焼した。何者かが発煙筒を投げこんだ可能性があるとみられている。

■7月　京都市山科区で、公園で野宿していた男性（57）が突然殴られ、逃げたところを追いかけられて殴る蹴るの暴行を受け、顔などに全治約1週間のけがを負った。

■7月27日　午後7時頃、大阪市淀川区の河川敷で45歳と62歳の男性2人が生活している小屋に花火を投げ、約20平方メートルを全焼させたとして、中学1年の男子生徒7人（12～13）が補導され、児童相談所へ通告された。男性2人は留守で、けがはなかった。

■10月13～14日　13日午前3時頃、JR大阪駅高架下で野宿していた富松国春さん（67）が、少年グループに頭や腹を殴られるなどの暴行を受け、搬送先の病院で翌14日、外傷性くも膜下出血で死亡した。ほかにも13日未明から14日未明にかけて阪急梅田駅周辺で、40～80代の野宿者4人があいついで暴行を受け、1人が脳挫傷で入院、3人が負傷した。関与したとされる無職少年2人（16、17）、飲食店アルバイト（16）、鉄筋工（16）が殺人など、府立高校1年生（17）が傷害などで逮捕され、大阪家裁に送致された。少年らは中学校の同級生で、「殺す気はなかったが、殴ったらスカッとするのでやった」「面白半分というかノリで襲った」「死ぬとは思わなかった」などと供述。アルバイト少年の携帯電話には、富松さんのほかに3人の野宿者を暴行する様子を撮影した動画が保存されていたという。翌2013年2/1、大阪家裁は、殺害に関与した疑いの少年4人を検察官送致（逆送）、府立高校生を中等少年院送致の保護処分と決定。2/8、大阪地検は逆送された4人を殺人などの罪で起訴。裁判員裁判で審理される。

■**10月20日**　夕方、東京都大田区の多摩川河川敷に座っていた野宿者男性(56)が、17〜18歳ぐらいの若い男5人に、突然、鉄パイプで襲われ全身打撲の重傷を負った。

■**10月29日**　午前3:45頃、福岡市の路上で、13〜18歳の少年7人が、車上生活をしていた男性(58)を襲う。車にペットボトルを投げつけて男性を外に誘いだし、生卵10個を投げつけ、木の棒で殴るなどし、男性は肩に軽傷を負った。12/4、少年7人が逮捕・検挙。「ホームレスが反撃する姿が面白かった」「卵がついたら、においで困るだろうと思った」などと供述。

2009年

■**2月10日**　午後9時頃、東京都江戸川区松江の首都高速7号線の高架下で、野宿していた男性(64)を集団で暴行し、けがを負わせたとして、4/22、同区立中学校の3年生(14)3人と無職少年(15)、当時13歳の同中学3年生の少年ら5人が、逮捕・補導された。逃げる男性を追いかけ、約40分間にわたりアルミ製の棒や鎌の柄で殴り、顔を7針縫うなど10日間のけがを負わせた疑い。少年らは容疑を認め「こじきは人間のくず」「ゲーム感覚でいためつけた」などと供述。男性を映画『ハリーポッター』のキャラクターに見立てて「ハグリッド狩り」と呼んでいた。5人は小学校時代からの遊び仲間。前年12月から6〜7回、野宿者への暴行をくり返していたという。

■**4月8日**　午前4:20頃、東京都江戸川区の首都高速7号線下の敷地内で野宿していた男性(65)を鉄パイプなどで殴って重症を負わせたとして、傷害と暴力行為の疑いで、同区立中学3年生(14)が逮捕されていたことが、警視庁への取材で7/2明らかになった。少年は、寝ていた男性にコンクリート片を投げつけ、追いかけてきた男性を約300メートル離れた路上で鉄パイプで殴りつけ、脳挫傷など約1か月の重傷を負わせた。さらに消火器を噴射したり、角材を投げつけたりしたという。少年は「今年に入ってホームレスを4、5回襲った」「怒って追いかけてくるのが面白くてやった。いまはちょっとやりすぎたと反省している」と供述。その場には同区内の少年4人がいたとみられているが、暴行には加わっていないとされた。

■**8月16日**　神戸大学4年の男子学生が、インターネットの会員制交流サイト「ミクシィ」にホームレスの人を襲う映像を投稿。10/29同大学は男子学生を厳重注意したと発表した。学生は大学側の調査に「グループ内で見るためのパフォーマンスだった。撮影者や路上で寝ていた人は友人だった」と謝罪したという。

■**8月27日**　午後10:15頃、福岡県久留米市の筑後川河川敷で、野宿者の男性(51)が住む小屋に、竹ぼうきをライター用のオイルにひたして火をつけ、小屋の屋根に置いて放火したとして、翌28日、同市在住の私立高校1年生3人(いずれも15)が逮捕された。男性は当時、外に出ており、けがはなかった。3人は容疑を認めており、数日前現場近くでロケット花火をした際に、男性から文句をいわれたことから仕返しを思いついたという。

2010年

■**2月2日**　午後9時頃、大阪市住之江区内で、野宿者の男性が少年とみられる4人組に襲われて重傷を負った。

■**3月29日**　午前0:50頃、兵庫県尼崎市の武庫川河川敷で、野宿者の男性(65)が寝ていたテントが燃やされる事件があり、4/30、同市立中学3年の男子生徒2人(ともに14)が逮捕された。男性は逃げて無事だった。2人は「以前からホームレスらに石を投げつけていた。男性が投げ返してきたので、腹が立って火をつけた」「死んでも構わないと思った」と供述。現場には男性を含め4人の野宿者が生活しており、少年らは3月以降、投石をくり返していたという。

■**7月**　名古屋市昭和区の鶴舞公園で、野宿生活をする人たちが打ち上げ花火を撃ちこまれる被害があいつぎ、男性1人が首に1週間のやけどを負った。少年グループによる襲撃とみられる、と報道された。

■**8月15〜16日**　15日午前3〜4時頃と16日午後10:45頃、兵庫県神戸市中央区の公園で、眠っていた無職の男性(83)や、男性のブルーシートなどに連射式花火を撃ちこんだとして、とび職見習いの少年(17)、無職少年(17)、県立・市立高校2年生(16、17)の男子生徒ら合計11人が10/30までに逮捕された。

■**9月18日**　午後7:25頃、東京都千代田区の公園で、寝泊まりしていた耳が不自由な無職男性(67)に熱湯をかけ、全治約1か月のやけどを負わせたとして、中学3年の男子生徒(14)が逮捕された。少年は約1週間前から男性に石を投げる、洗剤をかけるなどのいたずらをくり返しており、事件時は同級生らと同公園で遊んでいた際、近くのコンビニの電気ポットから熱湯を紙パックに入れて用意したという。事件の3日前に、ベンチ付近を掃除していた男性から、場所を空けるようにいわれたことに腹を立て、熱湯をかけることを思いついたと供述。

2011年

■**1月11日**　午後11時頃、群馬県伊勢崎市の広瀬川河川敷で、野宿者の男性(67)に石を投げてけがをさせたとして、同市立中学校2年の男子生徒4人(いずれも14)が、翌12日に逮捕された。4人は以前にも同様の行為をしたことをほのめかす供述をしているという。いっしょに橋の下に寝ていた男性が助けを求め、通りかかった女性が110番通報した。

校3年の男子(18)、無職少年2人(ともに16)の4人が逮捕された。家裁は同年5月、当時18歳の少年を「主導的役割を果たしており、刑事処分が相当」として検察官送致(逆送)し、地検が起訴。ほかの3人は初等・中等少年院送致とした。殺人罪などに問われた少年は、ほかの少年らと空き瓶にガソリンを入れて火炎瓶をつくり、雨堤さんの寝床に投げこんだことは認めたものの「なかに人がいるとは思わなかった」と殺意を否認。07年1月判決公判で、地裁は「人が死亡するにいたるかもしれないことを認識していた」として少年の未必の殺意を認定、懲役5年以上8年以下の不定期刑をいい渡した。

2006年

■11月　愛知県岡崎市内で連続して11件の野宿者襲撃事件が発生。11/19には、乙川河川敷で野宿生活していた花岡美代子さん(69)が金属パイプなどで顔や体を殴られ、失血死で死亡した。逮捕された市内の中学2年の男子生徒3人(いずれも14)は、少年の1人の自宅に居候していた無職の男(28)と共謀し、金品を奪う目的で花岡さんを襲ったとして、強盗致死の非行事実で少年院送致となる。少年2人は不登校、貧困で家庭環境が複雑な少年もいた。少年らを指示したとされる28歳の男は、10月に失職しホームレス状態だった。一連の襲撃事件への関与を認めたうえで、弁護側は「知的障害があり、死亡という結果を予想しえなかった」と殺意を否認。09年4/6地裁判決は、未必の殺意を認定し無期懲役をいい渡した。

2007年

■2〜3月　大阪市東淀川区の淀川河川敷で暮らす野宿者の男性3人が、2月下旬から3月にかけて、少年グループに襲撃される。市内に住む14〜15歳の少年11人が、4月に書類送検された。2/28夜には、10数人の少年が金属バットや鉄パイプで小屋をたたき壊しているのを近所の住民が目撃。学生服姿の少年もおり、少女の声も聞こえたという。

■5月13日　午後11：55頃、東京都北区の赤羽公園で、高校生をふくむ少年5人が、酒に酔ってベンチで寝ていた清掃作業員の男性(52)を野宿者だと思い、腹の上にオイルを入れたポリ袋を置いてライターで火をつけた。男性は火だるまになり、噴水に飛びこんだが、全身の3割にやけどを負う重傷。5人は事件2日前から、「ごみ掃除」と称し、公園にいた野宿者の女性(59)や別の男性(52)にオイルをかけて火をつける行為をくり返していた。

■6月5日　午前4時半頃、埼玉県朝霞市の河川敷で、野宿生活をしている男性(43)の寝ていた段ボールハウスにサラダ油をまき、放火しようとしたとして、大学生ら男女4人が逮捕された。大学4年の女子学生(21)、専門学校の男子学生(20)、大学2年の男子学生2人(ともに19)は、深夜バーベキューをしているうち「殺せ」「燃やせ」などと騒ぎ、段ボールハウスを"焼き打ち"しようとした疑い。4人はカラオケ店のアルバイト仲間だった。

2008年

■1月20日　深夜、大阪市中央区の大阪城公園で野宿していた男性3人が少年グループに襲われ、1人が救急搬送された。就寝中、腹にこぶし大の石を投げこまれ、追いかけていくと、石を投げつけられ、木の棒で殴られたという。1人は背中・足・腕などを殴られ、1人は頭から出血。捕まった9人の少年は襲撃を否認。

■2月16日　大阪市日本橋で、前年の夏以降、野宿生活者が少年グループから生卵を投げつけられる被害があいついでいると報道。

■4月9日　未明、名古屋市中川区の河川敷にある野宿者のテントや小屋が、つづけて全焼した。いずれも近くで3人組の若い男たちが目撃されている。

■6月19日〜09年1月2日　19日夜から20日未明、東京都府中市の多摩川河川敷で野宿者の男性(64)が頭などを鉄棒や刃物のようなもので10数回殴られ切りつけられるなどし、重傷を負う。08年6/20午前4:25頃、国立市の多摩川河川敷で野宿者の男性(63)が頭部を鉄パイプで殴られ、約2週間の負傷。09年1/2午後5：30頃、世田谷区内の高速道路高架下で寝ていた近藤繁さん(71)が鉄パイプで殴られ死亡。09年1/3、多摩市に住む軽度の知的障害がある男性(36)が逮捕。上記3件の事件の殺人未遂および殺人で起訴された。ほかに08年6/27未明、府中市で野宿者の福岡正二さん(74)を鉄パイプのようなもので殴打して殺害したとして再逮捕されたが、地検は「公判を維持できるだけの証拠が集まらなかった」として不起訴。一審では被告が軽度の知的障害のため、殺意を認定せず傷害致死、傷害とするとともに責任能力を認めなかったため、検察側が控訴。11年5月、一審懲役12年判決。12年3月、東京高裁は、3件とも殺意があったと認め、懲役22年の判決(一審破棄)。同年12月、被告側上告棄却、確定。

■6月27日　未明、東京都府中市の中央自動車道高架下の公園で、野宿していた福岡正二さん(74)が何者かに襲われ、頭などを強打されて殺害された。検視の結果、頭部の損傷が特に激しく、死因は頭蓋内損傷の疑い。左脇腹や左腕、下半身など10数か所の切り傷があった。争った跡がないことから、突然襲われて殺害された可能性が高いとみられた。倒れていたベンチ周辺には血痕が多数飛びちり、約2メートルの高さの柱にも5ミリ程度の血のりが残っていた。

や鉄パイプで殴られた。男性1人(59)が肋骨を折り1か月の重傷、3人が頭や腕に軽傷を負う。翌15日に出頭した14〜18歳の少年17人のうち、3人(16〜18)が傷害容疑で逮捕された。

■**4月17日**　午後10時頃、名古屋市の港北公園で、野宿者2名が数名の若者に暴行を受け、小笠原秀男さん(65)が死亡した。

■**6月11日**　午後9:40頃、東京都練馬区の公園で、若い女性が、寝ていた野宿者男性(59)にいきなり刃物で切りつけて逃走した。男性は首を2か所切られて重傷。

■**6月18日**　午前1時頃、東京都江東区の旧中川で、野宿者の東保起さん(64)が水死する事件が起こる。翌04年1月、東さんを強引に川に飛びこませて死なせたとして、同区に住む16歳の無職少年2人が逮捕された。調べによると少年2人は、東さんを無理やり川岸へつれていき、顔面を殴り「川に飛びこめ」と命令。いやがる東さんに石や鉄板を投げて川の深みへ追いこんだ。警視庁は当初、事件性がないと判断し、司法解剖もしていなかった。が、現場を目撃したほかの野宿者らの証言などから捜査。2人は03年4月頃から野宿者への暴行事件を10数件起こしており、「人間のくずなので、死んでもいいと思った」などと容疑を認めたという。

■**8月11日**　午前1時半頃、大阪市西成区萩之茶屋の高架下で、バイク6〜7台に分乗した若い男10数人が、路上で寝ていた廃品回収業の男性(61)の頭を金属バットで殴って逃走。約1時間後、2.2キロ離れた場所で同様に路上で寝ていた男性(46)の全身を金属バットで殴り逃走。

■**8月11日**　午前1:45頃、大阪市浪速区の路上で、野宿者の男性(54)が鉄パイプなどで殴られ負傷。8/13、大阪市内の中学3年の男子(15)と住居不定の無職少年2人(15、16)が、傷害容疑で逮捕・送検された。「追いかけてくる野宿者から逃げるスリルが面白くてやった」「被害届を出さないだろうと思い、過去にもホームレスばかり5回くらいやった」などと供述したという。

■**9月15日**　午前2:20頃、静岡市清水地区で野宿していた井上陽三さん(55)が、日系ブラジル人の少年(17)と男性(22)に暴行を受けて死亡。9/18、2人は傷害致死容疑で逮捕された。彼らもその家族もカトリック信者で、家族や知人は浜松市での野宿者支援活動にかかわっていた。この事件を機に、清水地区でもカトリック信者のブラジル人を中心に、野宿者への夜まわり活動が始められるようになった。

■**10月17日**　川崎市川崎区に住む公立小・中・高校の男子10人が、傷害などの疑いで逮捕・補導される。少年のうち7人は5/24夜、同区の公園でいすに寝ていた男性(52)を蹴ったり、頭を自転車の空気入れで殴ったりして18日間のけがを負わせた。さらにメンバーが一部違う7人が8/28午前1時半頃、同区の公園のベンチに寝ていた男性(68)を暴行。小6男児も加わっていたという。6/21夜にも6人が、駐車場で寝ていた男性(64)に暴行した疑い。「ストレス解消のためにやった。社会のゴミを退治するという感覚だった」などと話したという。

2004年

■**04年11月〜05年にかけて**　東京都の隅田川地域で襲撃が多発していることを山谷争議団・反失業闘争実行委員会が報告。中高生くらいの子どもが数人〜集団で自転車でやってきては、角材で路上生活者の小屋を破壊したり、野宿者に石をぶつけたり、いすで殴ってけがをさせるといった事件がひんぱんに起こっていることが報告された。

2005年

■**7月5日**　兵庫県尼崎市内で、野宿者の男性の小屋に花火を投げこむなどしていた男子高校生4人が補導される。当初、男性が高校生1人の首を絞めたとして暴行容疑で逮捕されたが「この生徒らに、小屋に花火を投げこまれ、仕返しでやった」と供述。高校生らは事実を認めた。

■**7月13日**　東京都墨田区・大横川親水公園の遊歩道で、香取正光さん(64)とみられる野宿生活の男性が襲われて死亡。死因は失血死で、左側頭部が陥没し大量に出血していたほか、肋骨が折れていた。16日、定時制高校の生徒で、同区内の少年(19)と江東区内の青年(20)が殺人の疑いで逮捕された。2人は午前3時半頃、仲間と酒を飲んで帰宅する途中に被害者を見つけ、襲撃したという。事件直前の12日は前期試験の最終日だった。

■**7月18日**　未明、東京都足立区の荒川河川敷にある橋の下で、都立高校生7人(15〜16)が、ビニールテント内にいた野宿者の男性(43)を外に出し、殴る蹴るなどの暴行をした疑いで、10/25に逮捕された。男性にロケット花火を発射するようなこともしていた。少年たちは「4回くらいホームレスに暴行した」「ホームレスなら警察に届けないと思った。怒った顔が面白く、ストレス発散になった」などと供述。

■**10月22日**　午前4:15頃、兵庫県姫路市の夢前川にかかる橋げたの下で寝泊りしていた雨堤誠さん(60)が、少年グループに火炎瓶を投げこまれて焼死した。雨堤さんは足が不自由で逃げ遅れたとみられる。翌06年3月、中学3年の男子(15)、高

2002年

■1月25日　東京都東村山市のゲートボール場で、野宿していた鈴木邦彦さん(55)が、夜間3度にわたって、地元の中学2年生4人と高校2年生2人の少年たちに暴行され、角材やビール瓶で殴られるなどして全身に打撲を受け、外傷性ショックで死亡した。事件の前日、中学2年生の少年3人は、同市内の図書館で騒いでいたのを、鈴木さんに注意されたことに腹を立て、図書館の前で小競りあいになっていた。翌25日、鈴木さんが寝泊りしているゲートボール場をつきとめた少年らは、同日午後6時頃と同7時頃に鈴木さんを襲って暴行。その後、塾に行く少年がいたためいったん引きあげ、再び合流。同9時20分頃から、高校生らも加わり、約1時間半におよぶ暴行を加えた。「謝れ」「お前が先に手を出した」などと少年らが叫んでいるのを別の野宿者男性が聞いている。警視庁と東村山署は27日までに、出頭してきた同市立中学2年の男子生徒4人のうち、14歳の3人を傷害致死容疑で逮捕、13歳の1人を児童相談所に通告。少年らは「図書館で騒いでいたことを鈴木さんに注意されたので仕返しした」などと供述し、泣いたり「許してください」とわびたりする少年もいたという。14歳の3人は起訴されず、少年院送致。高校2年の2人は起訴され、それぞれ懲役2年6か月以上5年以下、懲役3年以上5年6か月以下の実刑判決を受け、少年刑務所に送致された。

■4月21日　午前3時半頃、神奈川県・茅ヶ崎海岸の砂防林内で、テント内にいた50～60代の野宿者男性3人が、エアガンで遊んでいた若い男6人に至近距離から撃たれ、顔や腕などに全治5日間のけがを負った。逮捕された6人は、16歳のアルバイト少年と23～30歳までの会社員だった。

■7月28日　未明、東京都江東区内の公園で、都立高校の男子生徒3人(いずれも16)が、酔って寝ていた会社員(33)を野宿者と思いこみ、バケツ一杯の熱湯をかけて顔面に3日間のやけどを負わせた。10/16に逮捕。少年たちは野宿者を狙った襲撃をくり返しており、「ホームレスを軽蔑していた。世直しと思ってやった」などと供述。また、無職男性(52)の全身に熱湯をかけ、大やけどをさせた傷害容疑で区立中学の13歳と14歳の男子生徒2人も補導。

■8月11日　午前3時半頃、千葉県・千葉公園の体育館の軒下に寝ていた長谷川勝さん(54)と加賀谷良吉さん(60)が、少年グループに暴行され死亡する。2年後の04年9月11日、事件当時16～19歳の未成年だった男性4人が逮捕。4人は同県佐倉市内の同じ中学校の出身で、配管工(21)=当時無職、倉庫作業員(20)=同大学生、配管工(20)=同専門学校生、家屋解体工の少年(18)=同無職。ゲームセンターで「ホームレスをボコしに行こう」と話し、現場までオートバイでむかったという。配管工らは以前に同公園で野宿者の男性2人が殴られた事件にも関与したとされる。

■8月13日　午前2時すぎ、名古屋市中村区の公園で、野宿生活をしていた大橋富夫さん(69)が、若い男4人に暴行を受けて死亡。

■10月8日　午前3:30頃、埼玉県・川越水上公園で、野宿生活をしている男性(39)の布団に火をつけ、木製ベンチ2基を焼失させたとして、12/16、別の事件で逮捕されていたとび職の少年(19)が追送検された。

■11月25日　午後9時半頃～10時半頃、埼玉県熊谷市の路上で、同市立中学生2年の男子3人(いずれも14)が、野宿生活者の井上勝見さん(45)の頭や腹などを現場に落ちていた角材や水道管で殴る蹴るの暴行を加え、翌26日に急性硬膜下血腫で死亡させた。地検は12月20日、14歳の少年3人を、傷害致死の非行事実で家裁に送致。3人とも「少年院送致が相当」とする意見をつけた。少年審判の結果、3人は初等少年院送致となった。被害者の井上さんは1年ほど前から同市北部地域を転々と歩き回り、「おにぎりください」「あたたかいものください」などと物乞いしながら生活していた。 事件の2か月以上前の9月上旬、主犯の少年の家に井上さんが物乞いに訪れたことがあり、少年の父親は「出て行け」とどなって追い返した。その頃から少年は井上さんを暴行するようになり、つばを吐いたり、自転車に乗りながらとび蹴りを加えたりし、やがて別の少年も誘っていっしょに石を投げたりするようになった。逮捕後、3人はいずれも「死ぬとは思わなかった」と話し、「ごめんなさい」と泣き続けた。少年審判で、少年の1人は「友だち以上にやることが強さだと思った。やらなければ男じゃないと思った」、別の少年は「いっしょにいてやらざるをえなかった。やらないと仲間はずれになると思った」と述べた。

■12月4日　午前0時すぎ、名古屋市中川区のガード下で、吉本一さん(57)が、若い男3人組にいきなりスプレーをかけられ鉄パイプで殴られ病院に運ばれたが、肺挫傷などで死亡した。

2003年

■2月5日　午後7:50頃、東京都世田谷区の公園で寝ていた60歳くらいの男性を、中学3年の男子(15)がナイフで刺し、死亡させる。

■2月11日　茨城県水戸市の橋下で、高校3年の女子生徒(18)をふくむ男女4人が、野宿生活をしていた海老根治さん(34)の頭や顔に暴行を加え殺害。「いっしょに酒を飲んでいたところ口論になり、服を脱がせて川に落とした」と供述。

■2月14日　午前2時半頃、大阪府守口市・鶴見緑地の休憩所で寝ていた野宿者の男女7人が、少年30人に金属バット事件当日の夕方、庭園の木立のなかで寝ていた男性をエアガンで撃ったところ、男性が起きあがってきたため、反撃されると思って殴ったりした疑い。

■12月21日　午前5時頃、大阪市都島区のスーパーの通路付近で、野宿生活の男性(50)が、顔や手に1週間のけがをしているところを発見された。男性は「毛布で寝ていたら、突然若い男2人にエアガンで撃たれた」と話し、数十発、至近距離から撃たれたという。

1999年

■10月　北九州市内の野宿生活者の3人に1人が、過去1年間に殴られたり石を投げつけられるなど、襲撃の被害にあっていることが、ホームレス支援団体のアンケートでわかった。なかには服に火をつけられたり、殴られて全治1か月のけがを負ったりした人もいたという。「中高生ら若者に襲われた」と答えた人が大半を占め、悪質な襲撃もめだつ。支援団体は、小中学校での人権教育を強化するよう市教委に申し入れることを決める。さらに北九州越冬実行委員会の聞きとり調査報告書によると、62件の襲撃を記録。襲撃者は、19歳以上の若者が27%、中学生が21%、高校生が19%で、青少年による襲撃が7割近くを占めた。

2000年

■1月22日　午後11：55頃、兵庫県・阪神電鉄尼崎駅高架下で生活する野宿者3人(46～66)を、市内の中学3年の男子生徒3人(いずれも14)と高校1年の男子生徒(16)が、ビニール製パイプや木刀で殴ったり蹴ったりし、負傷させた。4/12までに3人が逮捕、1人が書類送検された。

■6月15日　東京都墨田区と中央区にかけて夜間、連続して野宿者が襲撃される。金属バットで頭を殴られたり、襟首をつかまれ約30メートル引きずられた人もいた。墨田区亀沢の高架下で寝ていた小茂出清太郎さん(68)が内臓破裂などで死亡。3人が負傷。7/26に大学生(18)、アルバイト店員(19)、会社員(20)の3人が逮捕。「日々の生活にいらいらしていた」「殴るとスカッとするのでストレス発散のためにやった」などと供述。

■7月11日　埼玉県入間市の公園で、ベンチに寝ていた男性(60)が、20歳前後とみられる2人組の男性に、竹や手で殴られ、頭などに重傷を負った。

■7月21日　名古屋市南区の公園で寝ていた男性(66)が、3人組の若い男に胸などを蹴られ、肋骨骨折などの大けがをした。18日にも同区の公園内で寝ていた野宿生活者が被害にあった。

■7月22日　午前4：25頃、大阪市・JR天王寺駅前の路上で、野宿者の小林俊春さん(67)が、寝ていた段ボールの囲いに自転車でつっこまれ、殴る蹴るの暴行を受け、出血性ショックで死亡。8/1、同年1月頃から大阪城や天王寺公園付近を中心に、20件以上の野宿者襲撃をくり返していた格闘ゲーム仲間の高校生3人(15～17)とアルバイト店員(20)の男が逮捕される。「野宿者には暴行してもばれない」「ゲームの技を使ってノックアウトするまでやりたかった」などと供述。20歳の男は一審で懲役4年6か月の判決を受けた。

■8月27日　午後7：30頃、東京都練馬区の児童公園で野宿していた男性が、殴られ、殺される。公園で花火をしていた若い男女が、男性から注意されたところ、若い男が暴行を加えたという。男女はそのまま立ちさった。

■9月15日　石川県加賀市内の小学5年生の男児4人が、野宿者をエアガンで撃つ。

■10月31日　午後7：40頃、大阪市東住吉区の平野白鷺公園で野宿していた男性(57)が、中学生の少年3人に「まだおったんか、はよ出ていけ」となじられもみあいになり、囲まれた男性は反撃し、中学2年の男子生徒(14)が1週間のけがを負う。同年夏、中学生の花火遊びを男性が注意したことを逆恨みしたらしい。

2001年

■6月7日　大阪市中央区の戎橋で、無職男性(23)が野宿者の女性(34)を道頓堀川へつき落とし、殺人未遂で逮捕される。

■7月29日　午前5：52頃、大阪市日本橋電気店街の路上で段ボールを敷いて寝ていた野宿生活の男性(62)が、若い男に油のようなものをかけられ火をつけられた。男性は胸や腹にやけどを負い重傷。

■9月18日　午前3：40頃、大阪市天王寺区の路上で、野宿者の棚橋健志さん(53)が顔を蹴られて転倒、後頭部を強く打ち、2日後に死亡した。9/20、中学3年の男子生徒(15)が出頭し傷害致死容疑で逮捕された。

■10月14日　宇都宮市内の河川敷で、95年4月に廃品回収業の戸祭力さん(47)を誘いだし、乗用車ではねて殺害した疑いで、当時少年だった24～25歳の会社員ら3人が逮捕される。「遊び半分で何度も車をぶつけているうちに、ひき殺してしまった」と供述。

同区に住む無職少年（17）ら3人が、10分間にわたって殴る蹴るの暴行を加え、内臓破裂で死なせた疑いで、11月に逮捕された。少年たちは、たまり場にしている児童公園のベンチに寝ていた佐藤さんを「むこうに行け」と起こし、佐藤さんが抵抗せずに立ち去ろうとすると「無視するとはなにごとだ」と追いかけたという。

■10月18日　【大阪・道頓堀川「ホームレス」襲撃事件】午前8時半頃、大阪市中央区の道頓堀川にかかる戎橋で寝ていた野宿労働者の藤本彰男さん（63）が、通りかかった若者（24）に川に落とされ死亡した。当初、若い男2人が抱えて川に投げこんだ事件とされたが、共犯とみなされた友人の男性は冤罪で、99年一審判決で無罪判決、2000年控訴審で無罪が確定。主犯の若者は99年控訴審で、懲役4年の実刑判決が確定。裁判長は「友人と共謀して川に投げこんだ」という供述は「取調官の誘導によるもの」と断定し、「2人で投げこんだ」とする一審判決（懲役6年）を破棄。検察側も上告せず、刑が確定した。

■10月19〜20日　未明、宮城県・築館町で、公園で寝ていた野宿者の男性（40）を襲撃したとして、同じ中学の3年生7人（いずれも15）が、翌96年4/18に補導された。少年たちはボールや発炎筒を投げつけ、電動式空気銃でプラスチック弾10数発を当てたりしたほか、男性が寝床に敷いていたビニールシートをはがして燃やした疑い。

■10月23日　午前2：20頃、京都市の鴨川河川敷で、野宿者の男性（52）が、防水工事作業員の少年（17）に暴行を受けてけがをした。少年と高校生1人をふくむ9人（17〜18）は、酒を飲んで深夜、河川敷で野宿者の男性を見つけ「何してんのや。仕事しろ」などといい、男性の寝床の段ボールを蹴り、男性がほうきを持って立ちあがったところ、顔を殴ったとされる。逮捕された少年は「面白半分だった」「反撃してきたと思い、よけいに腹が立った」と供述したという。

■11月29日　午後3時半頃、川崎市川崎区の港町公園内で、ビニールシート製の野宿生活者のテントが焼かれた。出火当時、公園では3人の中学生らが「火遊び」をしていた。3人は「故意ではなかった」と主張しているが、野宿者側は「放火だ」としている。

1996年

■5月24日　午前1時すぎ、東京都渋谷区の代々木公園で、ベンチに寝ていた野宿者の今井一夫さん（46）と近くにいた男性（34）が少年グループに襲われ、16〜17歳の私立高校生や無職少年6人が、のちに逮捕された。今井さんは頭を強く打ち、収容先の病院で8月に死亡。男性は1か月の重傷。少年たちは2つのグループで、「相手のグループに見下されるのがいやでやってしまった。無抵抗で、そのときは面白かったが、あとになって大変なことだとわかった」などと話したという。また野宿者を「虫けら」にたとえて、襲撃を「ケラチョ狩り」と呼んでいた。

■7月12日　午前4時頃、東京都北区の赤羽公園で、野宿生活の男性（62）が、少年5人に襲われ、意識不明の重体となり1か月後に死亡した。同区内に住む都立高校1年生ら15〜16歳の少年5人が逮捕される。公園内で酒を飲んで話していたところ、たばこの火を借りに近よってきた男性に「生意気だ」などと因縁をつけ、頭などに殴る蹴るの暴行を加えた。近くで寝ていた別の男性2人も殴られ負傷した。少年たちは「ホームレスはゴミみたいに汚い」「地元の住民のためによくない」などと供述したという。

■9月24日　午前0：55頃、大阪市浪速区日本橋の電器店前の路上で寝ていた男性（68）が7〜8人の少年に囲まれ、顔面や背中を蹴られるなどしてけがをした。約20分後、約100メートル北の路上で寝ていた男性2人も少年らに殴られるなどし、1人（53）が左腕を骨折、もう1人も軽いけが。さらに約10分後、近くの路上で寝ていた男性（67）が少年たちに殴られ、頭にけがをし病院へ運ばれた。21日午前4時半頃にも、日本橋東で同様の事件があり1人が負傷した。

1997年

■1月18日　午後1時半頃、大阪府寝屋川市の淀川河川敷で、野宿者の男性（63）にむかってエアガンの弾1万発を撃ったとして、市内の公立中学2年の男子生徒14人が、3/5に逮捕・補導された。少年たちは男性をとり囲み、約3時間半にわたりエアガン8丁でかわるがわる撃ったとされる。少年らは「最初は紙の的を撃っていたがつまらなくなり、人を標的にした」などと供述。前年6月頃より襲撃をくり返し、加わった人数は一時、約20人にもなったという。

1998年

■6月13日　午前2時頃、兵庫県西宮市内で野宿生活をしていた男性（47）が、度重なる少年グループの襲撃に耐えかね、反撃し、少年2人を刃物で刺した。とび職の少年（18）が死亡し、男子高校生（17）が2週間のけがを負った。関与した少年7人のうち、亡くなったとび職の少年を除く男子高校生らの6人は、3か月ほど前から男性の小屋への投石などをくり返していた。

■11月13日　午後8：35頃、兵庫県加古川市役所内の庭園で、野宿者の60歳前後の男性が少年3人に殴られ、意識不明の重体となった。市内の土木作業員（16）、中学3年生（14）、加古郡内の大工（16）の少年3人が翌朝出頭し逮捕された。

1983年

■2月5日　【横浜浮浪者殺傷事件】横浜市・山下公園で野宿していた須藤泰造さん(60)を、市内の中学生5人をふくむ14歳〜16歳の少年10人が襲い、殴る蹴る、ゴミかごに投げ入れて転がすなどの暴行を加えて逃走。須藤さんは内臓破裂などで2日後に病院で死亡。少年らは前年12月から「浮浪者狩り」をくり返しており、事件の直前にも横浜スタジアムで野宿者9人を次々と襲い、2月までに計13人に重軽傷を負わせたとされる。同時期にほかに2人の野宿者が殺害されているが、犯人は特定されず未解決のまま。少年たちは「ゴミを掃除しただけ」「逃げまわる姿が面白かった」「スカッとした」などと話したといい、社会に大きな衝撃を与えた。

1985年

■10月22日　東京都板橋区の荒川河川敷で、同区の無職の若者(20)と無職少年4人(15〜19)が、橋の下にいた野宿者の男性(42)を金属バットやバールでめった打ちにし、6か月の重傷を負わせた。11/9に傷害で逮捕。5人は同じ公立中学の卒業生で、夕方になると近くの団地や公園などに集合。「浮浪者に追いかけられたことがあり、やっつけようと相談した」という。

1986年

■7月　東京都新宿区の西戸山公園で、テントで寝ていた日雇い労働者(37)ら3人が、少年7人と見張り役の中学3年生ら女子2人、無職の男3人(20〜22)のグループに襲われる。2日と14日に花火を至近距離から発射、投石、木刀で殴るなどした。1人は左目を失明。

■10月13日　大阪市の四天王寺境内で野宿していた労働者ら5人が、中高生の少年3人組にエアガンで次々と襲われ、うち3人が顔などに弾を受けて負傷した。1週間前から爆竹や石を投げられるなどの被害が続いていたが、エアガンによる襲撃は初めてだった。18日、傷害事件で逮捕。

1987年

■1月12日　東京都足立区の公園で野宿していた男性(59)を、中学3年生3人をふくむ少年5人(14〜17)が、「くさい」「コジキやろう」とののしりながら棒などで殴り、脳挫傷などの重傷を負わせた。26日までに5人全員が逮捕。いずれも非行歴があり再三家出。調べでは、少年たちが周囲から「じゃま者扱い」されたりしたため、うさ晴らしにやったのではないかという。

■10月27日　東京都大田区の多摩川河川敷で、中学生とみられる少年4〜5人が爆竹をならして遊んでいたのを、野宿していた男性(59)が「うるさい」ととがめたことから、少年たちに金属バットのようなもので殴られ、頭部などに重症を負う。ほかに33歳と34歳の男性が殴られ負傷。

1988年

■2月26日　午前2時頃、東京都台東区山谷地区の路上で、中高生ら4人と無職2人のあわせて6人の少年(14〜16)が、日雇い労働の男性(46)をかわるがわる蹴ったうえナイフで刺し、1週間のけがを負わせた。その30分後にも、同区内の公園のベンチで寝ていた野宿者(53)を角材のようなもので殴って刃物で刺し、1週間のけがを負わせたとして、3/16に少年2人が逮捕された。

■9月21日　午後11時頃、神戸市大倉山公園で野宿していた男性2人(53、58)に、同市中央区内の中学校の少年5人(1年1人、2年3人、3年1人)が、消火器の泡をふきつけるなどして補導される。

1992年

■4月〜8月　横浜市中心部の公園や地下通路で野宿する労働者が、中学生くらいの少年グループに、花火や爆竹であいついで襲撃される。8月までの5か月間に、わかっただけでも10件。顔などにやけどを負った人や段ボールに火をつけられた人もいた。

■10月　名古屋市で夏以降、公園などで寝ている野宿者をねらった路上強盗、襲撃があいついでいると報道。若者が野宿者の頭にケチャップなどをかけたり、花火で追いかけまわすなどのほか、暴行・収奪・放火などの被害は、同年に入って判明しただけでも30〜40件にのぼった。

1995年

■10月15日　午前4：05頃、東京都北区で公園のベンチに寝ていた野宿者の佐藤博忠さん(69)が、暴行を受けて死亡。

野宿者襲撃事件略年表

2000年代を中心に、少年・若年層による主要な事件をとりあげた
（1983～2009年は、北村年子著『「ホームレス」襲撃事件と子どもたち―いじめの連鎖を断つために』太郎次郎社エディタス刊より）。

おもに新聞の事件報道をもとに作成。

事件後の審判・裁判結果などの詳細まではふくまれていない。

(　)内の数字は当時の年齢。

※作成協力：生田武志・安田和人・鈴木隆弘

教材DVD『「ホームレス」と出会う子どもたち』を見て

学年　　　クラス　番号　　　名前

① DVDを見て、一番印象に残ったことを書きましょう。
(夜まわりの場面、登場した人たちが語った言葉、エピソードなど)

② ホームレスの人々が、今一番望んでいることは何でしょうか？

③ 鈴木さんに対して現在行なわれている支援をまとめましょう。

④ ホームレス状態にならないための社会的支援について、教科書などを読み、調べ、まとめましょう。

⑤ ホームレスの人々に対して、私たちは何ができるでしょうか。②・③・④の問いを踏まえて、自分自身、あるいは社会全体でできることを考えましょう。

⑥ DVDを見る前と比較して、ホームレスの人々に対する見方や考えに変化はありましたか？　また、その理由について書きましょう。

© ホームレス問題の授業づくり全国ネット

留意点 ホームレスの人々を取り巻く社会環境は、きわめて厳しいものがある。生活保護などの対策は不十分であり、偏見・差別・襲撃は後を絶たない。差別を生む社会状況について、ホームレスの人々がおかれている状況と社会との「断絶」から捉えさせたい。

◆ **鈴木安造さんについて**

- 鈴木さんは、どのような経緯を経てホームレスになったのですか？
- 鈴木さんに対して、どのような公的支援が行なわれていましたか？
- 鈴木さんに対して、どのような支援が必要と考えられますか？
- 鈴木さんに対して、自分ならどのような支援ができると考えますか？

留意点 鈴木さん個人を通じて、労働者保護の不十分さ、さらに生活保護など公的支援の不十分さについて考えさせたい。その際、本編にも登場する、生活保護を受給することで自立した元ホームレスの男性（川口さん）について触れ、考えさせることもできる。ホームレスへの支援については、公的なものだけでなく、市民（社会全体）の力でできることも考えさせ、NPOの役割やボランティアの重要性も考えることができる。

❸まとめ

- ホームレスの人々に対する支援策の課題（問題点）について考え、まとめましょう。
- ホームレスの人々に対して、どのような支援策が求められているか、考えましょう。
- ホームレスになることを防ぐための支援策について、調べ、問題点を指摘しましょう。
- なぜ、公的支援を避けようとするホームレスの人々がいるのか、考えましょう。

留意点 ホームレス状態にある人に対する公的支援の問題性について、改めて捉えさせたい。同時に、ホームレス状態にならないための支援にどのようなものがあるのか、そしてどうして支援から人々がこぼれ落ちてしまうのかを考えさせることによって、日本における社会保障の不十分さについて考えることができる。また、支援策があるのにもかかわらず、なぜ有効に活用されないのか、人々から忌避されることがあるのかについて考えることを通じて、社会保障制度そのものが抱える問題点についても、認識させたい。

対象 高等学校（公民科【現代社会】）

※本DVDは憲法「社会権」及び社会保障に関連する単元での使用が中心となると考えられるが、経済的内容単元における「雇用と労働問題」や科目「倫理」の「職業と社会参加」単元でも活用可能である。もちろん、公民科各科目、新設のまとめ単元の課題探究活動でも活用できる。

❶DVD視聴前に

- ホームレスの人を見たとき、どう思いましたか？
- なぜ、ホームレスになるのだと思いますか？

留意点 ホームレスの人との出会いや経験、ホームレスの人々に対する認識を確認する。生活保護などが社会全体で充分に機能していると考えているため、ホームレスの人は生活保護を自ら拒否している、あるいは好きでやっている（自己責任論）と考える生徒は多い。その認識をDVDの視聴によって変化させるため、現状の自己認識を確認させたい。

❷DVD視聴後に

◆ 子どもたちについて

- 夜まわりの際、とまどっていた高校生のイマイくんがいましたが、彼はなぜとまどっていたのでしょうか？
- なぜ、夜まわりに参加することで、彼のとまどいはなくなったのでしょうか？

留意点 生徒たちが社会的におかれている立場（現状）は、夜まわりでとまどっていた生徒と同じであると考えられる。生徒たちが共感しやすい「とまどう彼」に自分自身を重ね、自らを振り返らせ、社会におけるホームレスと自らの立ち位置との「距離」を考えたい。

◆ ホームレスの人々の現状

- ホームレスの人たちは、どのような働き方をして、生活をしていましたか？
- ホームレスの人たちに生じる生活上の困難は、どのようなものでしたか？

教材DVD『「ホームレス」と出会う子どもたち』を見て

学年　　　クラス　番号　　　名前

① DVDを見て、どんなことが印象に残りましたか？（夜まわりの場面、登場した人たちが語った言葉、エピソードなど）

② DVDを見る前と今とで、自分の気持ちや考えに変化はありましたか？

③ 夜まわりをしている中学生のマイカさんは、同世代の人たちによる襲撃事件について、「なんとなく少しだけわかっちゃう気もしてて」と言っていましたが、襲撃をする人たちの気持ちについて、どう考えますか？

④ DVDで学んださまざまな問題に対して、私たちは何ができるでしょうか？　自分で・みんなで・社会でできることを考えてみましょう。

© ホームレス問題の授業づくり全国ネット

たはどう考えますか？

- 鈴木さんが「信じてる」と言っていたのはどんなことでしたか？
また、襲撃をする若者について、どんなことを語っていましたか？

留意点　いじめと同じように、イラだちやストレスを弱い立場にある人にぶつけるという形で襲撃が行なわれていることを理解する。周囲の人が傍観するという構図も。にもかかわらず、襲撃する若者たちの気持ちを襲撃を受けた鈴木さんが感じとり、共感しようとしていることについて考えてみる。

❸話し合い後に

- ホームレスの人たちと「出会う」ということについて、自分の思いや考えに何か変化はありましたか？
- 襲撃をなくすために、どんなことができるでしょうか？
- ホームレスになる人をなくすために、また、ホームレスの人を支援するために、自分自身や大人たち、社会全体でできること、あるいは難しいと思うことはどんなことですか？

留意点　DVDを見て学習し、新たに得た視点から、自分自身や、自分が生きる社会の問題として、課題を見つけ考えていく。

- とまどっていた高校生のイマイくんは、どんなことを考えていましたか？
- 「こどもの里」館長の荘保共子さんは、子どもたちが夜まわりすることについてどんな考えを語っていましたか？

> **留意点** ホームレスの人とまっすぐに向かいあう子どもと、どう話をすればよいかわからない学生。自分がその場にいたら何を思い、どう行動するだろうか。実際に会って話し「理屈抜き」に「納得」するという体験について、自分に引きつけて想像し、考えてみる。

◆「出会い」について

- 鈴木さんや、ほかに登場していたホームレスの人たちは、今の自分の気持ちについてどんなふうに語っていましたか？
- ホームレスの人たちと子どもたちは、夜まわりでどんな話をしていましたか？
- ホームレスの人たちにとって、子どもたちが夜まわりで来ることは、どんな意味があるのでしょうか？　また、子どもたちにとって、夜まわりでホームレスの人たちを訪ねていくことは、どんな意味があるのでしょうか？

> **留意点** 「もう死んでもいい」という苦しい気持ちを吐露したり、受験の合格を報告して喜んでもらったりするなど、夜まわりという支援活動が、心を通わせる場にもなっていることに気づかせる。

◆襲撃について

- 「こどもの里」の学習会で、子どもたちはどんなことを学んでいましたか？
- 川口さんが受けた襲撃はどのようなものでしたか？　川口さんが特に怒っていたことはどんなことでしたか？
- 荘保さんは「襲撃する子はしんどい子」と語っていました。「しんどい子」は、自分のことをどのように感じていると言っていましたか？
- 襲撃をする人は、なぜホームレスの人を襲うのでしょうか？
- 夜まわりをしている中学生のマイカさんは、同世代の人たちによる襲撃事件について、「なんとなく少しだけわかっちゃう気もしてて」と言っていました。あな

対象 中学校

❶DVD視聴前に

- ホームレスの人を見たことはありますか？　どこで・どんなふうにしていましたか？
- ホームレスの人に話しかけたり、話しかけられたりしたことはありますか？
- ホームレスの人を見て、どんな気持ちになりましたか？　それはどうしてですか？
- ホームレスの人たちは、どうしてホームレスになってしまったのでしょうか？

留意点　「ホームレス」とは、「家がなく、路上などで生活している状態のこと」と説明。「怖い」「汚ない」「怠け者」などネガティブな言葉が出ても否定せず、ホームレスの人に関するこれまでの経験や、現時点での認識・感情を確認する。

❷DVD視聴後に

◆ 鈴木安造さんについて

- 鈴木さんの様子はどうでしたか？　どんなことがつらそうでしたか？
- 鈴木さんはどんな仕事をして生活をしていますか？　鈴木さんの働きぶりはどうですか？
- 鈴木さんが消防署の仕事を続けられなかった理由は何でしたか？
- 鈴木さんがうれしそうな顔をしている場面がありました。どんな場面でしたか？

留意点　「病気で失業した」「安全に眠れない」「後遺症に苦しみながら段ボールを集めて生活している」など指摘させ、理不尽で困難な状況があることを知る。それでも鈴木さんが懸命に働き、仕事を得ることに喜びを見出していることに気づかせる。

◆ 子どもたちについて

- 子どもたちはどんな様子で夜まわりしていましたか？

教材DVD『「ホームレス」と出会う子どもたち』を見て

学年　　　クラス　番号　　　名前

① DVDを見て、どのシーンが心に残りましたか？　また、見る前と今とで、自分の気持ちや考えに変化はありましたか？

② DVDに出てきた人にメッセージを送るとしたら、だれに・どんなことを伝えたいですか？

③ 今日、学んだことを、家族やまわりの人に伝えるとしたら、どんなふうに伝えますか？

④ その他、今日の学習についての感想を自由に書きましょう。

© ホームレス問題の授業づくり全国ネット

❸自分に引きつけて考えてみよう

- 鈴木さんに聞いてみたいことはありますか？　また、どんなことを伝えたいですか？
- あなたも夜まわりをするとしたら、ホームレスの人たちにどんなことを聞きたいですか？　また、どんな言葉をかけたいですか？
- ホームレスの人たちをいじめ、襲撃する若者たちは、どうしてそんなことをするのでしょうか？　また、どんな気持ちでしているのでしょうか？
- いじめや襲撃をする人たちに、何か伝えられるとしたら、どんなことを言いたいですか？
- DVDを見て学習したことを、家族やまわりの人たちにどんなふうに伝えたいですか？

留意点 対話を想定することによって、問題を自分の気持ちに引きつけ、さまざまな立場の人たちへの共感に基づいて考えられるようにうながす。

- 鈴木さんはどんなことがつらそうでしたか?
- 鈴木さんは、1日何時間、どんな仕事をして、収入はいくらでしたか?
- 清掃の仕事をしている鈴木さんは、どんな様子でしたか?

留意点　「病気で失業した」「体の調子がよくない」「安全に眠れない」「10時間段ボールを集めて900円」など、ひとつひとつ確認しながら、鈴木さんがおかれているつらい状況を想像していく。鈴木さんが「怠け者」などではなく、懸命に働き、仕事を得ることに喜びを感じていることを知る。

◆「出会い」について

- 子どもたちが夜まわりをしていましたが、どう思いましたか?
- ホームレスの人たちと子どもたちは、どんな様子で、どんなことを話していましたか?

留意点　自分と同じ年くらいや、それ以下の小さな子どもが、ホームレスの人たちを支援しながら、質問をしたり、心配をするなどして交流している様子をとらえる。

◆襲撃について

- 襲撃という言葉が出てきましたが、意味はわかりますか?
- 襲撃事件についての説明がいくつかありましたが、その内容はどんなものでしたか?
- 荘保さんは、どんな子が襲撃をすると言っていましたか?
- 鈴木さんは、若者たちに襲撃されたことがありました。若者たちがホームレスの人たちを襲撃することについて、どんなふうに話していましたか?
- 夜まわりをしている中学生のマイカさんは、同世代の人たちによる襲撃事件について、「なんとなく少しだけわかっちゃう気もしてて」と言っていました。あなたはどう考えますか?

留意点　襲撃が「おそって暴力をふるうこと」、また、いじめと同じように、イラだちやストレスを弱い立場にある人にぶつけるという形で行なわれていることを説明。襲撃が差別や偏見に加え、襲撃する人の気持ちにかかわる問題であることを考える。

対象 小学校高学年

- 総合的な学習の時間[他者や社会とのかかわりに関すること/福祉・健康についての学習活動]の授業として(全4時間)
  - ◇第1時　事前学習
  - ◇第2時　DVD視聴
  - ◇第3時　「ホームレス」について解説(襲撃やいじめにも言及)
  - ◇第4時　事後学習(第1～3時で学習した材料を使った話し合い活動)
- 道徳［学習指導要領4－(2)だれに対しても差別をすることや偏見をもつことなく公正、公平にし、正義の実現に努める。］の授業として(全1時間)
  - ◇第1時　DVD視聴(視聴と学習シート記入)

❶DVD視聴前に

- これまでに家族やまわりの人たちから、ホームレスの人たちについて話を聞いたことはありますか？　また、ニュースなどで見たことはありますか？　どんな話や説明でしたか？
- ホームレスの人を見たことはありますか？　どこで・どんなふうにしていましたか？
- ホームレスの人を見て、どんな気持ちになりましたか？　それはどうしてですか？
- ホームレスの人たちは、どうしてホームレスになってしまったと思いますか？

留意点　「ホームレス」とは、「家がなく、路上などで生活している状態のこと」と説明。「怖い」「汚ない」「怠け者」などネガティブな言葉が出ても否定せず、身近な大人やテレビなどの影響も含め、ホームレスの人に対する感情や考えを確認する。

❷DVD視聴後に

◆ 鈴木安造さんについて

- 自分が持っていたホームレスの人に対するイメージと、鈴木さんは一緒でしたか？
- 鈴木さんはどうしてホームレスになってしまったのでしょうか？

学校ですぐに使える!
発問例集

教材DVD『「ホームレス」と出会う子どもたち』本編を用いた授業の発問例集

対象 **小学校高学年**

対象 **中学校**

対象 **高等学校**（公民科【現代社会】）

作成 小学校高学年／小野祥子・林真未
中学校／小野祥子
高等学校／鈴木隆弘

※各発問例集の最後についている学習シート（教材DVD『「ホームレス」と出会う子どもたち』を見て）は、そのまま拡大コピーしてお使いいただけます。

授業て使える資料集　もくじ

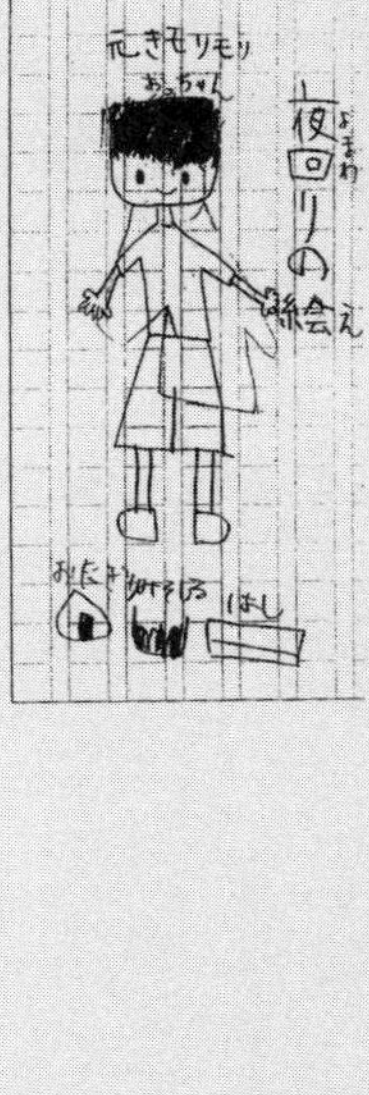

授業で使える
資料集

◉著者

生田武志

ホームレス問題の授業づくり全国ネット代表理事。『フリーターズフリー』編集発行人。野宿者ネットワーク代表。大学在学中から釜ヶ崎の日雇い労働者・野宿者支援活動にかかわる。2000年、群像新人文学賞評論部門優秀賞受賞。2001年から各地の小中学・高校などで「野宿問題の授業」を行なう。著書『<野宿者襲撃>論』（人文書院）、『釜ヶ崎から　貧困と野宿の日本』（ちくま文庫）、『貧困を考えよう』（岩波ジュニア新書）、『おっちゃん、なんで外で寝なあかんの?　こども夜回りと「ホームレス」の人たち』（あかね書房）など。

北村年子

ホームレス問題の授業づくり全国ネット代表理事。ノンフィクション作家。自己尊重トレーニングトレーナー。子どものいじめ・自死をなくしたいと十代200人を取材したデビュー作『少女宣言』が話題をよぶ。1990年、釜ヶ崎「こどもの里」に出会い野宿者支援にかかわる。2010年、女性人権活動奨励賞・やよりジャーナリスト賞受賞。著書『「ホームレス」襲撃事件と子どもたち いじめの連鎖を断つために』（太郎次郎社エディタス）、『ま、いっかと力をぬいて　幸せなママになるレッスン』（赤ちゃんとママ社）、『おかあさんがもっと自分を好きになる本』（学陽書房）など。

◉編者

ホームレス問題の授業づくり全国ネット

ホームレス問題の授業づくり全国ネット（略称：HCネット）は、子どもや若者たちによる「ホームレス」襲撃を防ぐために、支援者・教員・ジャーナリストなどによって2008年4月に結成された団体です。「襲撃・いじめ」といった、子どもたちとホームレスの人々の「最悪の出会い」を、希望ある「人と人としての出会い」へと転換していくために、襲撃・いじめ問題を解決するための取りくみや、学校での「ホームレス問題」の授業・教育活動の実施、教材作成などに取りくんでいます。http://class-homeless.sakura.ne.jp/

理事	**飯田 基晴**	（ドキュメンタリー映画監督）
	稲葉 剛	（一般社団法人つくろい東京ファンド代表理事）
	小野 祥子	（中学校・高校・大学講師）
	荘保 共子	（認定NPO法人 こどもの里理事長）
	鈴木 隆弘	（高千穂大学人間科学部教授）
	川口 加奈	（認定NPO法人 Homedoor）
	吉岡 政子	（ふるさとの家）
事務局	**松本 浩美**	（認定NPO法人 Homedoor）
監事	**松井 克行**	（西九州大学子ども学部教授）

子どもに「ホームレス」をどう伝えるか？

いじめ・襲撃をなくすために

2013年7月25日　初版発行
2013年8月25日　第二刷発行
2014年1月25日　第三刷発行
2016年1月25日　第四刷発行
2019年8月25日　第五刷発行

著者 ―――― 生田武志　北村年子
編者 ―――― ホームレス問題の授業づくり全国ネット

装丁・本文デザイン ―――― 箕浦 卓（M's SPACE）
写真 ―――― 高松英昭（表紙、扉、著者近影）
編集 ―――― 岸田直子
制作協力 ―――― 関口英彦（office-s2）
挿絵・漫画 ―――― ありむら潜
イラスト ―――― 「こどもの里」の子どもたち
印刷 ―――― シナノ書籍印刷株式会社

発行 ―――― ホームレス問題の授業づくり全国ネット
〒531-0072　大阪市北区豊崎1-8-11　Homedoor事務所内
TEL 06-6147-7018　FAX 06-6147-7019

発売 ―――― 株式会社太郎次郎社エディタス
〒113-0033　東京都文京区本郷3-4-3-8F
TEL 03-3815-0605　FAX 03-3815-0698

ISBN978-4-8118-4071-0

©Takeshi Ikuta,Toshiko Kitamura2013,Printed in Japan

「ホームレス問題の授業づくり全国ネット」製作 教材DVD

「ホームレス」と出会うこどもたち

「なぜ道ばたや公園で寝ているの？」「ホームレスの人たちは、なまけているの？」……「ホームレス」の存在を知った子どもたちが抱く疑問に、真正面から答える教材用DVDです。

「ホームレス」への偏見・差別をなくし、全国で多発する子どもによる「ホームレス襲撃・いじめ」という"最悪の出会い"を、希望ある"人と人としての出会い"へと転換していくために、全国の学校でこの映像を使った授業が取りくまれることを切に願います。

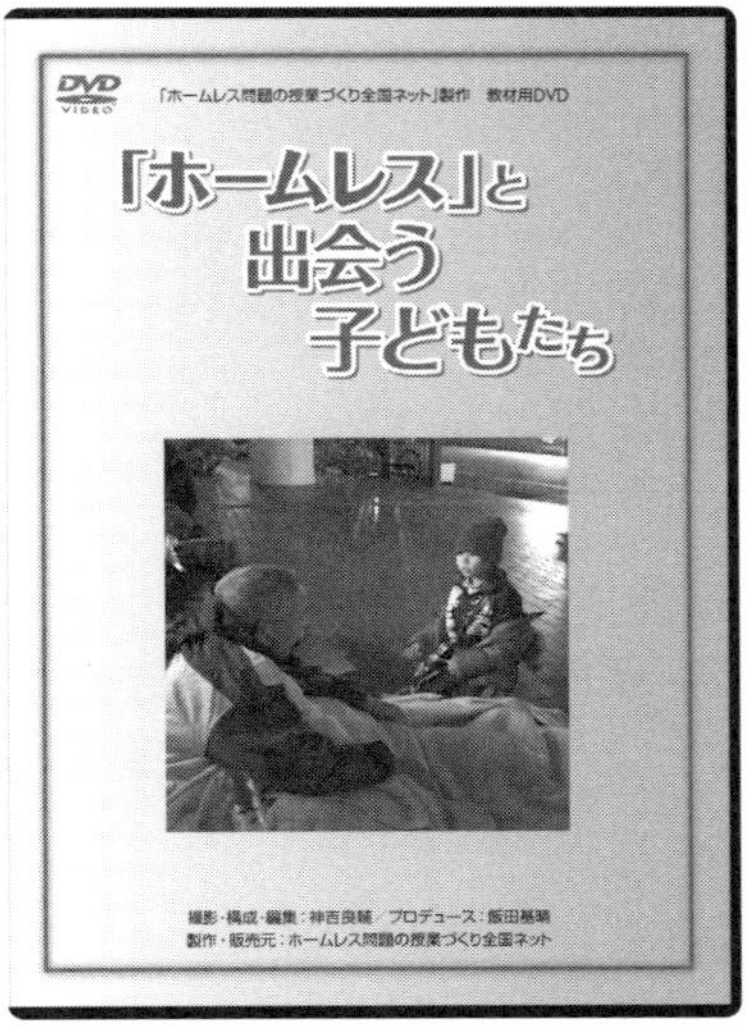

東京都教職員研修センター
人権教育資料センター
選定ビデオ教材

【本編：30分】
なぜ若者や子どもによる「ホームレス」襲撃が起きるのか？　大阪・釜ヶ崎にあるこどもの里が行う「子ども夜まわり」の活動を軸に、参加する子どもたちの変化、ホームレス生活を送る鈴木さん（64歳）の仕事や生活、その思いに迫る。さらに「ホームレス」襲撃問題をとおして、居場所（ホーム）なき子どもたちの弱者いじめの問題を問い直す。

【応用編：45分】
❶本編にも登場する元・野宿生活者の男性（66歳）が子どもたちに語る人生。貧しかった子ども時代、野宿生活へいたった背景、野宿生活を脱した現在の思い。

❷釜ヶ崎の「子ども夜まわり」の活動を詳細に撮影。野宿の人との会話。子どもたちによる夜まわり実演、学習会、はじめて夜まわり活動に参加する人の体験談など。

※DVD本編は1～2時間の授業で、応用編は3時間以上の授業での使用を想定して制作しています。どちらも、子どもたちの胸に響く生の声で構成されています。

付属ガイドブック（解説／小中学・高校用モデル学習指導案／関連資料）：全52ページ

撮影・構成・編集：神吉良輔　プロデュース：飯田基晴
制作スタッフ（50音順）：生田武志　北村年子　荘保共子　鈴木隆弘　清野賢司　安田和人

●一般価格：2,800円＋税／ライブラリー価格：12,000円＋税

製作・販売元：ホームレス問題の授業づくり全国ネット
http://classs-homeless.sakura.ne.jp/

北村年子 著
「ホームレス」襲撃事件と子どもたち
いじめの連鎖を断つために

ときに命さえ奪う弱者嫌悪はどこからくるのか。「大阪・道頓堀事件」から十余年がたち、なおも子どもたちによる「ホームレス」襲撃はやまない。川崎の教育現場にはじまる取りくみとその後の事件・動向を、前著『「ホームレス」襲撃事件』に大幅加筆した完全保存版。野宿者襲撃は、学校でのいじめの延長線上にある。

目次から

第Ⅰ部　〈ゼロ〉
――大阪「道頓堀川ホームレス殺人」事件 1995-1997

第Ⅱ部　野宿者と子どもたち
――川崎の取りくみ 1995-1997

第Ⅲ部　いじめの連鎖を断つために
――いま、なにができるか 1997-2009

エピローグ　大切なただ一人のきみへ

四六判432ページ◉2200円＋税

高松英昭 写真集
STREET PEOPLE 路上に生きる85人

仕事場、路上。寝る場所、路上――。カメラの前に立つかれらの姿は「ホームレス」というレッテルを引きはがす。演出し、ポーズをとり、ファッション写真のように撮られたポートレート。『ビッグイシュー』を販売する人びとが主役の、世界一カッコイイ「ホームレス」写真集!

星野智幸 書き下ろし短編小説「先輩伝説」収録

A5判128ページ・オールカラー◉2381円＋税

飯田基晴 監督作品
あしがらさん〈ドキュメンタリー映画DVD〉

だれもが一度は見かけたことのある、路上で生活している人たち。でも、立ち止まって気にかける人は少ない。新宿の路上で生きてきた"あしがらさん"を、ひとりの若者が見つめ続けて生まれた物語。3年におよぶ記録。

カラー73分◉音楽：梅津和時ほか◉DVD製作：映像グループ ローポジション
◉一般：3048円＋税／団体・ライブラリー版：11429円＋税
◉詳細：www5f.biglobe.ne.jp/~ashigara

発売◉太郎次郎社エディタス